人生是拆不完的禮物

拆出人生驚喜，活得智由智在

超級講師【智在禪】創始人
李淙翰——著

李淙翰老師在亞洲各地講課的精采照片。

(上) 與百合網創始人之一慕岩先生的互動場景。

(中) 與城邦出版集團首席執行長何飛鵬先生同台演講的課後合影。

(下) 與格力集團董事長董明珠女士同台演講的課後合影。

(上) 與全球暢銷書《心靈雞湯・女性版》作者暨《秘密》策畫人之一瑪西・西莫夫女士同台演講的課後合影。

(中) 與劉墉教授同台訪談。

(下) 與海文中心（Haven Institute）的創辦人之一麥基卓先生在加拿大的合影。

(上) 與國學大師曾仕強教授同台演講的課後合影。

(中) 與哈佛心理學博士劉軒先生（劉墉之子）的合影。

(下) 與張德芬女士同台演講的課後合影。

(上) 與白馬寺釋印樂方丈的合影。

(中) 與《當和尚遇到鑽石》作者麥克・羅奇格西合影。

(下右) 與美國 NLP 大學執行長羅伯特・迪爾茨先生的合影。

(下左) 與法藍瓷創始人陳立恒先生同台演講的課後合影。

瑪西・西莫夫推薦序手稿

I've had the honor of getting to work with Jacky Lee and his company, Need Training. I'm extremely impressed with Jacky's clear vision, profound wisdom, and open heart. He exemplifies the strong + compassionate leader.

His book Wisdom in the Here + Now offers a much-needed message for our times. As people are searching for ways to experience greater happiness and fulfillment in life, this book offers real answers. It combines ancient Chinese philosophy with cutting-edge modern psychology + the latest management approaches to guide people in becoming a well-spring of abundance. This book is a must read!

Marci Shimoff
#1 New York Times bestselling
author of Happy for No Reason
and Chicken Soup for the Woman's Soul

〈推薦序〉

源自心靈的智慧之語

我有幸和李先生以及他的公司一起工作。李先生獨到的見解、深邃的智慧和開放的心胸給我留下了深刻的印象。他是強大而富有同情心的領導人的典範。他書中那些源自心靈的智慧之語，為我們這個時代提供了一些非常需要的資訊。對於那些想在生活中尋求更多幸福與滿足的人來說，這本書提供了真正的答案。這本書將古代中國哲學與最新的管理方法中所蘊藏的哲學結合起來，引導人們去完善更豐盛的靈魂。這本書是一本必讀書。

瑪西．西莫夫

瑪西．西莫夫，著名激勵領袖和快樂專家、國際著名「變革領頭人」、國際知名演說家、《紐約時報》A級暢銷書作家，與人合著出版過六本《心靈雞湯》系列叢書，史上最成功的自我成長類書籍《心靈雞湯．女性版》的作者，著有《愛無需理由》，是國際超級暢銷書和電影《祕密》的策畫人之一。

(5)

care for each other, since all of the seeds we plant in others always grow and come back to all of us.

I believe this book will be inspiring for everyone who reads it, and help us to make a better world. Mr. Li is not just teaching about good company management and how to be successful, altough these are good and important things, and he teaches them very well. He himself, I know,

(6)

from my personal experience, works hard to help other people get opportunities to live a good and happy life. This is achieving success through recognizing that the greatest joy of life is helping others to be successful in their own lives.

I pray that Mr. Li Zonghan lives a long life and blesses us with many more books of his wisdom; that these books spread in the world; and that I also have

(7)

a chance to work together with him into the future, and continue to be inspired by his joyful example.

With great respect,

September 23, 2014

麥克 · 羅奇格西推薦序手稿

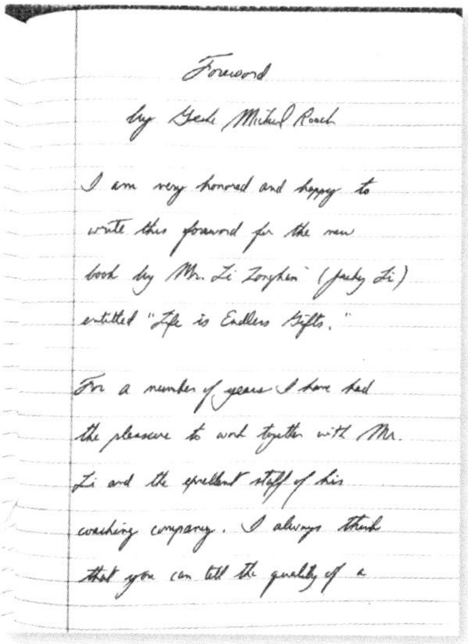

Foreword

by Geshe Michael Roach

I am very honored and happy to write this forward for the new book by Mr. Li Zonghen (Jacky Li) entitled "Life is Endless Gifts."

For a number of years I have had the pleasure to work together with Mr. Li and the excellent staff of his coaching company. I always think that you can tell the quality of a

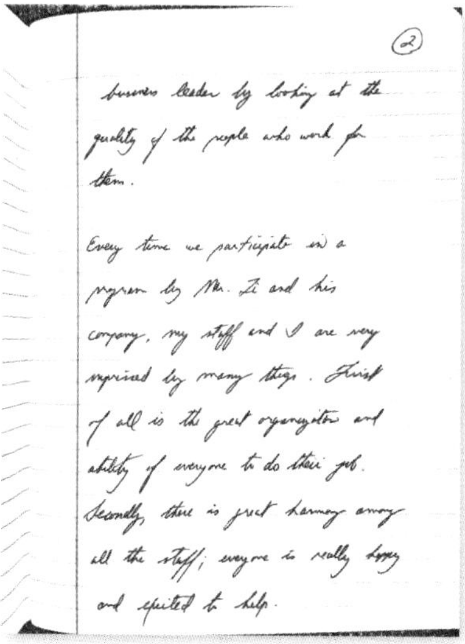

(2)

business leader by looking at the quality of the people who work for them.

Every time we participate in a program by Mr. Li and his company, my staff and I are very inspired by many things. First of all is the great organization and ability of everyone to do their job. Secondly, there is great harmony among all the staff; everyone is really happy and excited to help.

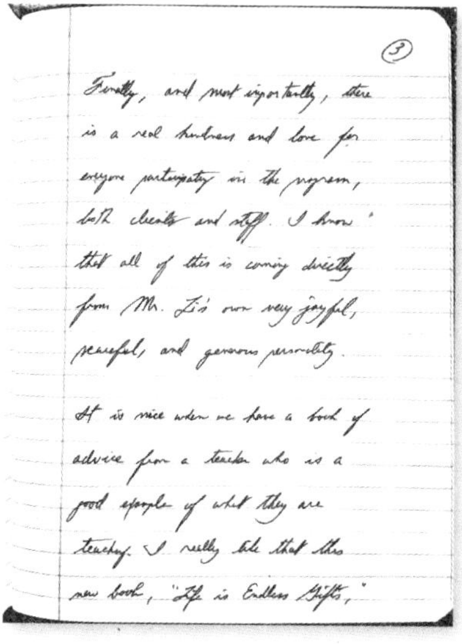

(3)

Finally, and most importantly, there is a real kindness and love for everyone participating in the program, both clients and staff. I know that all of this is coming directly from Mr. Li's own very joyful, peaceful, and generous personality.

It is nice when we have a book of advice from a teacher who is a good example of what they are teaching. I really like that this new book, "Life is Endless Gifts,"

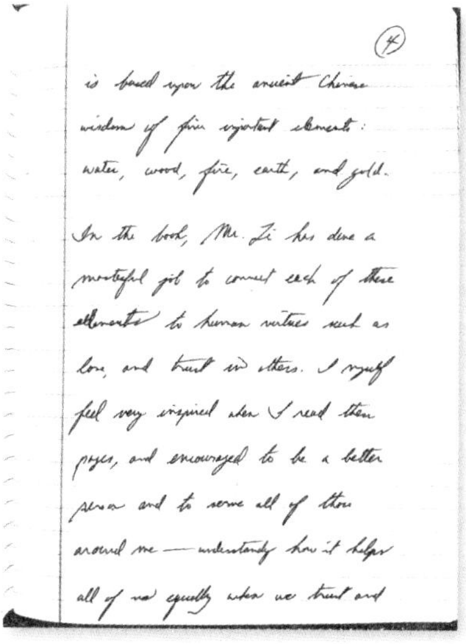

(4)

is based upon the ancient Chinese wisdom of five important elements: water, wood, fire, earth, and gold.

In the book, Mr. Li has done a wonderful job to connect each of these elements to human virtues such as love, and trust in others. I myself feel very inspired when I read these pages, and encouraged to be a better person and to serve all of those around me — understanding how it helps all of us equally when we trust and

〈推薦序〉

生命最大的喜悅

能為李淙翰先生的新書《人生是拆不完的禮物》寫序，我感到非常榮幸及喜悅。

這幾年跟李先生及他培訓公司優秀的員工們共事，感到很愉悅。一直以來我都認為，可以從一位商業領袖的下屬的素質看出這位領導的素養。

每一次參與李先生及其公司舉辦的活動，我和我的員工們總是對很多事情印象深刻。首先是組織有佳，且每個人辦事能力強。其次，所有員工之間一片和諧，每個人都樂在其中，且很樂意幫忙。最後，也是最重要的，他們對參與活動的每個人都懷有真正的善意與愛，無論是對客戶還是工作人員。我知道，這一切都是直接源於李先生他本身的性格：喜悅、寧靜、慷慨大度。

能有這樣一位言傳身教的老師著書給予建議，真的很好。這本新書《人生是拆不完的禮物》根據中華古老智慧裡的五大重要元素（五行）：水、木、火、土、金寫成，這點我真的很喜歡。

李先生在書中將五行的每一個元素跟人之美德，恰到好處地聯繫起來，例如愛、對他人的信任等。我自己讀到這些時，備受啟發和鼓勵，渴望能成為一個更好的人，服務身邊所有的人——明白當我們彼此信任和關愛時，這將有助於幫助到我們所有人，因為我們在他人身上種下的所有種子，都會成長並回到我們所有人身上。

我相信本書會對每一位讀者有所啟發，並幫助我們創造更好的世界。李先生不僅僅是教我們如何管理好企業，如何獲得成功，當然這些事情很好很重要，他的教授非常棒；而且根據我的個人經驗，他本身很努力地幫助其他人有機會過上更加美滿幸福的生活。這是藉由認識到：生命最大的喜悅是幫助其他人過上美滿的生活，從而收穫成功。

誠心祈禱李淙翰先生未來能夠撰寫更多智慧書籍給予我們祝福，希望這些書傳播到全世界。

誠摯敬意。

麥克・羅奇格西

二〇一四年九月二十三日

麥克・羅奇格西（Geshe Michael Roach），畢業於普林斯頓大學。在位於印度的賽拉梅西藏寺院（Sera Mey Tibetan Monastery）學習二十二年之後，成為第一位得到格西（相當於佛學博士）學位的美國人。他從一九八一年開始教導佛法，也是研究梵文、藏文和俄文的學者，翻譯作品等身。在他的根本上師的鼓勵下開始經商，運用《金剛經》的智慧，將位於紐約市的安鼎國際鑽石公司，打造成年營業額突破一億美元的企業。他是亞洲經典機構的創辦人，著有全球商業暢銷書《當和尚遇到鑽石》（十周年增訂版）、《業力管理》等。

〈推薦序〉
每件事都是禮物

就像本書的書名《人生是拆不完的禮物》，許多年前我因緣際會認識李淙翰先生，這樣的機緣對我而言就是最好的禮物。

當年李先生在河南鄭州推廣現代企業經營觀念，要把最好的理念帶給河南的企業家。有一次我接到李先生的電話，他自我介紹他在河南所做的事，希望我能到鄭州做一場演講。我因為行程不便，剛開始先拒絕了，可是他鍥而不捨，三番兩次追蹤，他的熱忱和誠意最後讓我難以拒絕，只好到鄭州一行。

到鄭州後，所見景象實在令我大開眼界。我認知中的河南，是全中國最大的農業省，應該是以農民居多，商業活動應該不是很鼎盛；可是那一場兩天的研討會，聚集了兩千多人，每一個學員都十分認真，也徹底投入。當我上完課之後，學員們熱忱地與我互動，他們提出各種問題，也對我的演講給予回饋，這讓我十分意外。那是一次成功的研討會，而李先生就是這個活動的推動者。

從此之後，我與李先生時有往來，他回台北時，一定會抽空來看我，而我也有機會更深刻地瞭解李先生。

首先，他是一個非常積極上進的年輕人，我自覺得我沒什麼特殊的專長值得學習，可是李先生從始至終都對我抱著請教的態度，這讓我甚不敢當，而我也確認了李先生是一個非常虛心的年輕人。

其次，李先生是個非常專業的企管講師，他對現代企業經營有一套非常獨到的看法與研究，也研發出一套課程，廣受學員的好評。當然，他對人生也有深刻的體悟，對為人、處世、人生態度，都有十分成熟圓融而且可以自我實現自己人生目的的看法，而現在他把這些想法彙集成一本書《人生是拆不完的禮物》和讀者分享。

我有幸在出版前先睹為快，這真是難得一見的好書，由無數短短的篇章集合起來的內容，連我這位闖蕩江湖的「老人」都在某些篇章中得到啟發，不時會感受到深獲我心的共鳴，相信這本書對年輕人必然是十分受用的讀物。

回想這一段交往的過程，我不禁要感歎，認識李先生是我人生中最美好的禮物，而每一個人的人生，不論發生什麼事，我們都要以禮物看待，因為已經發生的事不能改變，以禮物視之，可以坦然受之，正面面對，這樣才會得到最好的結果。

城邦出版集團首席執行長 何飛鵬

二〇一四年九月

前言

在地球創造屬於你的智在天堂

試想一下，當螞蟻在地上爬時，再小的石頭都是天大的障礙；但若是大象在行走，石頭根本可以忽略不計，似乎只有大山才是障礙之物；然而，若是老鷹決定要飛翔，你是否相信，再高的山峰它也能輕而易舉地飛過？

有高度的人是沒有困難的，因為行走的高度不一樣，做事的視界也是大不相同的。所以，你是想成就何種高度的人生呢？

或許你會想問：如何成就有高度的人生呢？在我多年研究與講演第三代國學之新體系內容的同時，我有一個相當鮮明的經驗與信念想與你共勉：一旦你能深入擁抱這強而有力的信念，相信不論你是企業家，還是某事業單位的主管，或者是想奮力向上揚升之各領域的精英，大家皆可從這裡開始，如獲至寶地收穫更豐盛的人生。

這個強而有力的信念就是——「人生是拆不完的禮物」。

試問，當有人贈予一個精美的古玩給你時，相信這是一個禮物，對吧？或者，你在事業上或生活上獲得相當有力量的穿越時，相信這也是一個禮物，不是嗎？那麼，若你遇到了一個挑戰時，難道這不也是一個禮物嗎？

李小龍能在三十而立之前，就大大攀越了兩座世界級高峰，一座是中國武術的高峰，另一座是好萊塢電影明星的高峰。如此高度的成就背後有一個真實的故事，即源自於李小龍少年時在街上被其他小朋友打了一頓，結果李小龍將其當作一個禮物，並開始練習詠春拳，直至有如此大成就。

人生不如意之事十有八九，所以，每一個人都需要培養一個真功夫，既不僅在一二順境時開心，更要在八九逆境時還能「智由智在」！

就從這本書開始吧！因為當你帶走這本書並開始讀進去時，相信你即將收穫「人生是拆不完的禮物」的法寶！若你相信，換個想法與做法、就會換種活法的話，那麼，就來個思維與心態的冒險吧！

當然，你也可以從頭飛快地讀一遍後，再選有更深觸動的文章內容反覆琢磨之。或者，你現在就隨意翻閱某一文章內容，並引發出更不一樣的啟發。

最後，祝你在每一天的每一方面都會越來越好！

期待有緣見面之！

李淙翰

甲午年壬申月庚午日癸未時執筆於書房

目錄

第二輯 木主仁：愛不止息 87

第三輯 火主禮：豐盛源頭 141

第四輯

第五輯　金主義：心靈船長 273

第一輯

水主智：關係達人

不經一事，不長一智。刀要石磨，人要事磨。真正的修行，不是只在一群特定的人、事、物中才奏效，而是：生活中所有一切相，皆是助你修行的善緣！信任與敞開所有可能性事件的到來，在關係中去穿越，並拿到限量版的禮物！在事件中修行，在關係中成長。

001

問題的答案，問題的根源

每一個人或多或少都有自己的本位主義，都有自己的價值觀體系跟信念體系。價值觀加信念，就簡稱為觀念。觀念決定命運！我十分相信七十億人口就有七十億種活法，這意味著：我們永遠不要奢望別人會跟自己一樣去多瞭解自己、多體恤自己。

在一家公司中，當一個員工不夠體恤老闆的時候，他開始用他所聽到的資訊去加以編織。然而眾生的迷也迷在這裡，喜歡編織自己的感覺。《心經》說要「遠離顛倒夢想」，就是告訴我們，千萬不要因為一個意念而開始亂編織感覺，而忘了去做更好的溝通與交流。

然而，當一個人犯錯的時候，他會通過不一樣的編織，讓自己的行為更合理化。例如：這不公平！都是你的錯！

在我帶領團隊的日子裡，包括我在成為培訓師的生涯當中，我有個深刻的感受：若每一個人都能夠真正做到多一點點的將心比心、換位思考，這個天下就會更加的太平！這個組織就會有更好的發展！

但是，通常人們一出狀況，就喜歡指責別人，喜歡找理由來開脫，喜歡把一些不一樣的罪加注到別人身上，然後為別人找一些理由，也為自己找一些理由。長此以往，團隊的發展就會滯緩；長此以往，生命就會卡住。所以，有句話說：「當局者迷，旁觀者清。」

人為什麼會犯錯？他一定認為自己是對的，才去做。然而，為什麼最後是錯的呢？是因為後來他醒悟過來了。所以，修行的目的就是讓我們破除「越迷越苦，越苦越迷」的境界，讓我們能夠達到更好的覺醒，這是一輩子的功課。

有些觀點需要一輩子去頓悟；有些觀點頓悟了，一輩子有用。所以，我們要不斷地向內觀照，切勿做到何患無辭，為自己脫罪而把罪加給別人。回到原點：你是問題的答案，你也是問題的根源。

「喜怒哀樂之未發，謂之中；發而皆中節，謂之和；致中和，天地位焉，萬物育焉。」這句話告訴我們：如果你的喜怒哀樂沒有表現出來，叫做「中」；表現出來合乎法度，叫做「和」；達到中和，天地就各歸自己的位置，萬物就開始生長了。其背後的精髓是：做任何事情必須有適當的度，天圓地方的尺度。

這個尺度的拿捏有點難。有些人比較真性情，情緒也過於隨心所欲，當他把情緒發洩給身邊人的時候，會影響到周遭人的情緒，這顯然是不好的，需要稍微控制一下自己的性情。還有一些人，性格比較內向，心中有好多的想法，卻不願意傾訴，把情緒都藏在心裡。這樣的人也要試著去跟身邊的人溝通，在溝通中達到一個「中和」的狀態，既能夠準確地表達自己的想法，又讓對方覺得，你所說的話不會影響到彼此的關係，反而會增進彼此的瞭解。

我們都不喜歡跟脾氣暴躁的人在一起，因為很辛苦，總是要為他的情緒埋單。我們都要學會為自己的情緒負責，這是一個擁有EQ的人最基本的表現。所以，讓我們都努力成為一個溫和又有力量的人吧！讓我們的話帶給身邊人一種滋養，讓我們的到來給身邊的人帶來愉快的感受。這是一種很美的境界！

「己所不欲，勿施於人」是孔子的經典妙句之一，它告訴我們一個處理人際關係很重要的原則——自己不想要的東西，切勿強加給別人。這也是法國在十六世紀崛起的時候的精神標語。

我們來看兩個字：一個是「怒」，一個是「恕」。「怒」字是一個奴隸的「奴」加一個「心」，也就是說，如果一個人發怒了，就像對待奴隸一般的對待自己的心。所以，當你生氣的時候，其實也就等於是在虐待你自己。而「恕」這個字是一個「如」加上一個「心」，我稱它為「如是所示的心」，這個心回到純粹如是的狀態，沒有受到任何的污染。可見，「恕」跟「怒」是有天壤之別的。

生命當中最重要的一個與人相處的能力就是「恕道」，它告訴我們，如果你不喜歡做這件事，永遠不要加注到別人的身上。然而在現今的社會當中，常常是顛倒過來思考的。人們對自己總是很放鬆，對別人卻諸多挑剔；自己不願意承擔的責任，卻想讓別人去承擔；自己不願意被嘲笑諷刺，卻整天都在嘲笑別人。

生命的藝術在於以寬容的心態去對待周遭的一切，我們應做到嚴於律己，寬以待人。請時刻記得：己所不欲，勿施於人。

自以為是、抱怨、擔心等負能量的教導，都是某種形式的破壞性批評；而從負能量出發的溝通，是無法讓關係進入更好的正向發展的！

002

自己對了，世界就對了

「君子求諸己，小人求諸人」出自《論語．衛靈公》。這句話告訴我們，君子要求的是自己，而小人則會對別人諸多要求。如果世人能注重自己的品德修養，善於改正自己的缺點，管好自己，不要碰到什麼不如意就去埋怨別人，為自己找藉口，而是會體諒別人，寬恕別人，我相信這世界會少好多的紛擾和衝突。

其實每件事情的發生都不是偶然的，每個人做出的任何舉動都有自己的立場和理由，所以，當事情的發生不如我們預想的那樣，大喊「都是你不對！都怪你」是沒有用的。我們想要改變世界，先要改變自己。人生就是這麼有趣，自己對了，世界就對了。在生活中，養成「凡事先找自己的原因」這樣的習慣，是自我負責的生活態度，不要總是盯著別人身上的問題不放，每個人都有自己的功課要修，我們只要修好我們自己的心性跟品行便好。

若想多一些喜悅度彰顯在生活的各層面中，你或許需要盡早知道：不論你做什麼，總有人會有不同的見解。因為真心想圓夢及活出高度人生價值的人們，往往是毀譽參半的。

003 用心經營關係

某個人會來到你的身邊，一定有其冥冥之中的安排，我相信這世界上每一個偶然的背後，都有必然的因素。

生命就是如此的奇妙，他之所以會出現在你生命當中，或許就應了那句古話：「物以類聚，人以群分。」又或許他就是來幫助你去成就一個修行上的功課。

有時候，我們遇到一個人，在互動之後發現，他好像不完全是我們所想要的，你便又開始尋尋覓覓。

於是你在想：我要遇到更對的人。不管是親密關係還是事業合作夥伴，或是在任何關係的領域當中，你總是在想：下一個會更好！而我卻認為，與人交往的關鍵是：如果不用心經營，即便再對的人來到你身邊，也可能會擦肩而過，不是嗎？

所以，與其去期待遇到一個對的人，不如努力讓自己先成為一個對的人，同時學會用心地去經營關係。用心經營關係意味著，你是否願意將心比心、換位思考？你是否願意就如同胡雪巖說過的那句話——「前半夜想想別人，後半夜想想自己」？你是否願意站在與宇宙同頻率振動的高度上，去散發屬於你內在的光、你內在的神性、你內在的那份圓滿？因為你的到來，讓彼此的生命更加的璀璨、更加的美妙、更加的光明、更加有力量！

004

取悅是受傷的開始

我十分相信關係品質就等於生命品質。我記得當年來到大陸創業的過程當中，曾遇到一位台商老前輩，他告訴我說：「你要永遠記住一段話：有關係，就沒關係；沒關係，就有關係。」其本意就是，當你人脈關係很好的時候，你的事業就沒什麼問題。然而，當你與外界的關係不夠好的時候，你的生命就會出現很大的問題。所以關係的品質決定了你事業的發展，也決定了你生命的精采度。

在我們經營彼此關係的過程當中，請牢牢記住一個血淋淋的教訓：如果你矮化自己去成就別人，或者是你為了維持一段關係而用取悅的方式，那麼其實背後是恐懼的、是擔心的，也會有一顆受傷的心。也正因為你一直在取悅，所以就更容易受傷，而且有可能是傷痕累累。所以，重點是你是否可以發自內心地相信，你是值得被愛的，你是可以付出你的愛的！

就如同佛家說：「眾生平等。」其背後的根本原理之一就是：我們的內在都充滿了來自於大宇宙的神性智慧，我們的內在都是一座又一座的愛的泉源，是可以取之不盡、用之不竭的。

所以，只要你相信並記住一個前提：你很重要，我也很重要！你有你的優勢，我有我的優勢。如此一來，只要有一顆平等的心，那麼你就會開始豐收。反之亦然，如果你用取悅的方法維持關係，那麼你有可能會更受傷，甚至期望越大，落差越大。

我衷心地鼓舞正在看這段文字的你，能夠好好地去自我檢視一下，不要矮化自己內在的價值，進而用心培養更好的配得感，讓每段關係，不管何時緣起、何時緣滅，我們都能夠認真地去看待每一段緣分；也學會更好地將每一段關係經營好，進而去享受那份甜美的果實。

有取悅的關係，是無法修成正果的。

取悅是一種「悲催」的行為，若少了「你很重要，我也很重要」的黃金信念，就會容易形成受害者的心態！所以，請用平和、平靜、平衡的心境去面對每一段關係！

005

先求瞭解人

《論語》裡面說：「不患人之不己知，患不知人也。」也就是說，不要怕別人不瞭解我，就怕自己不瞭解別人。當我從台灣來到大陸發展的時候，我有一個信念一直堅持到現在，就是：凡事先求瞭解人，再求被瞭解。別人要的多給一點，別人不要的少給一點。

我們每天都要跟很多的人打交道。在工作中，我們需要跟別人相互協助；在家中，我們需要跟家人相互照顧。所以，我們的關係品質有多麼重要啊！

如何經營好自己的關係品質呢？有一點很重要，就是：永遠不要去奢望別人必須先瞭解自己，然後所做的一切都是如你所願的。如果你這樣想，結果只有一個：你會失去身邊的朋友，然後自己也瘋了。

還有一種人，同樣秉著這樣一個信念，在與人的交往過程，想要對方瞭解自己，於是滔滔不絕地一直闡述自己的觀點和想法，讓對方不知所措。

我常常跟自己公司的夥伴說，如果你今天去跟一個客戶談合作，最重要的就是先學會傾聽，如果對方是個話不多的人，我們就提出一個他可能會感興趣的話題向他提問，然後認真地傾聽。這是一個能夠瞭解對方的方式。

在傾聽的過程中，要努力去感受對方在說什麼，而不是帶有防禦性的，只聽自己想聽的，不想聽的就過濾掉了。透過聆聽，我們可以瞭解到很多的資訊，這樣可以幫助我們以後做更有效的溝通。在溝通過程中需要學會用心地去瞭解對方的需要跟喜好，學會站在別人的立場，設身處地地為別人著想；當然也要在合適的時機準確地表達出自己的想法，學會交流，或許這就是人際交往的真諦了。再次強調，與人相處，先求瞭解人，再求被瞭解。

我相信，關係的品質會決定我們生命的品質。如何經營好關係？我認為，如果你能夠帶給別人更好的支援和陪伴，你就可以得到更多的被支持與被陪伴。所以人與人之間的關係是互相的，就像「人」這個字是由一撇一捺所組成的，如果拿掉了一個筆劃，另外一個就垮了，不是嗎？

所以，在互相支援與陪伴的過程當中，首先我們要做的是，能不能讓對方感受到他是被重視的。是的，如果你讓他感覺到他是被重視的，他就能夠反過來給你超乎想像的支持。因為每一個人內心深處總是希望被肯定、被重視和被讚美的，無論他的年紀有多大，無論他的職位有多高，這是人性。

好像總是有人在抱怨對方是多麼不善解人意，不瞭解自己，何不反問自己一下，又瞭解對方多少呢？如果我們每一個人都能這樣打開心門，凡事先求瞭解人，再求被瞭解，我相信一切矛盾都會煙消雲散。

從現在開始，請學會更好的用心傾聽，學會更好的觀察，學會將心比心。在關鍵時刻，能夠讓對方感受到自己是貼心與溫暖的，我相信會帶給別人更好的重視感與支持，也會讓自己有更多的收穫。所以，請成為別人生命中的天使吧！

006

三個凡事

我們都想成為愛的榜樣，而不是恐懼的追隨者。如何讓自己活得精采，我們需要知道這三句話：凡事相信，凡事盼望，凡事忍耐。

這是愛的真諦很重要的核心。首先信心很重要，我們必須帶著信心上路，相信自己值得擁有更加豐盛的未來。

就像我們想看一部電影，但不經意卻讓你知道了電影的結局，是個正義戰勝了邪惡的完美結局。然後你開始從頭看，在看的過程中，你看到了英雄在通往勝利的路上曾是被打得很慘的，是非常辛苦的，但是你不會恐懼。為什麼？因為你知道故事的結局是美好的，當你相信主人公可以戰勝這些困難的時候，這期間的過程再辛苦，你都不會怕的。

所以，信念很重要，請帶著信心上路，請相信自己生命的電影一定會是個完美的結局，持著這樣的信念，我們所說的、所做的，都會反過來成就我們的美好。

凡事盼望，盼望生命中每一件美好事情的發生，盼望就像陽光，它能照亮我們的前方，一步步引領我們走向更美的未來。

我曾聽過這樣一個故事：一位盲人琴師，他非常希望有生之年能睜開眼睛看看這個世界，但他尋遍各國名醫，卻沒有一個能夠幫到他。有一天，一位道士跟他說：「我這有一劑藥方，可以治好你的眼睛，但是有一個條件，你必須要彈斷一千根琴弦之後才能打開，否則這帖藥方就無法生效。」

拿到祕方之後，這位琴師開心地四處行走賣藝，盡心地以彈唱為生，生命中充滿了希望的能量。就這樣過了一年又一年，他終於彈斷了第一千根琴弦。他急忙去藥房抓藥，卻被告知，所謂的藥方其實只是一張白紙。他感到一陣晴天霹靂，但轉瞬間，他明白了道士要求他彈斷一千根琴弦的真正目的：道士就是為他埋下一顆希望的種子，讓他凡事盼望，每一天都充滿期待，正是因為這樣，他才能盡情地彈奏，才能帶著自信與盼望走過五十三個年頭。

情緒管理或許是我們每一個人一生都在修的功課，我們要做情緒的主人，所以，我們要凡事忍耐。每個人都會有情緒，當情緒上來的時候，語出傷人，是非常愚蠢的行為。如何成為情緒的主人？有一個方法，在情緒激動的時候，不做任何決定。在情緒激動的時候，心中默數三秒鐘再說話。

最後溫馨提示：記得凡事相信，凡事盼望，凡事忍耐。帶上這樣的信念上路，相信你一定會通往屬於你的美麗人生。如果一開始做得不太好，記得勉勵自己繼續加油，繼續操練，相信自己會做得更好。

007

德不孤，必有鄰

「德不孤，必有鄰。」出自《論語・里仁》。它告訴我們，有道德的人是不會被孤立的，一定會有志同道合的人來和他相伴。

如果你是一家企業的老闆，你會喜歡什麼樣的員工？是有才有德，還是有才無德？

答案很簡單，一定是有才有德才是最好的。

或者，一個女孩子選如意郎君，有個人很有能力、很有錢，但是品德不夠好，她可以選嗎？也是不行的。所以品德比能力重要，那是我們通往高貴靈魂的必經之路。

我們最應該做的，就是不斷完善自己，讓自己成為有品德的人，不斷地穿越自己的恐懼。從每一件小事做起，培養自己擁有良好的品格和德行，培養自己的仁愛精神，時刻記得孔老夫子所說的仁義禮智信。或許只是從不隨便丟垃圾開始；或許只是從每天清晨主動給予身邊的人微笑開始；或許只是從原諒身邊的人犯的小錯誤開始。

當你堅持自己的選擇時，可能會引起身邊人的不解，認為我們所做的一切根本毫無意義。但沒關係，要知道，「德不孤，必有鄰」。只要我們堅持自己內心的標準，一定會吸引更多的人來支援我們。

我相信物以類聚，人以群分。一個有道德良知的人，會發現，身邊的人一定也是這樣，並且吸引更多這樣的人來到你的身邊。價值觀、信念相同的人終究會互相吸引。有時候想一想，你身邊的人其實跟你很像的，是吧？所以，只要我們帶著一顆有良知的心上路，我們就一定不會孤軍奮戰。要知道，高貴的心靈，從來都是相通的。

我們常說「四海之內皆兄弟」，這是何等的境界呢？是啊，有人會說，我們連自己的家庭都不見得可以照顧得很好，對待親近的人常常指手畫腳，把親人當作遙控器，現在要把外人當兄弟，難度似乎有點大。其實「皆兄弟」不是重點，重點是這句話背後的精髓是什麼，我們能夠體悟到些什麼？

首先是一種包容的胸懷。沒有人會記恨自己的家人，因為家人是那個願意用一生來守護你、陪伴你的人，如果我們能夠把眾生都當作自己的家人，我相信會少很多的紛爭。其次就是甘於付出。當你把身邊每一個人都當成是家人一般付出愛，我相信你會得到更多的愛。所以，四海之內皆兄弟不是一句口號，而是一種境界，當我們帶著這樣一份覺知的心，輕裝上陣，過好每一天的時候，你會發現你能夠口吐蓮花，不會說出傷害別人的話。

生命的奧妙就在於：你能不能帶著一份覺知去看待你遇到的每一個人，看到人們內在的那份好。有人這樣問過我說：「李老師，我覺得這樣好像很虛偽，我不想說虛偽的話。」其實，每個人都有很多不同的面向，當你能夠看到他善良的那一面，你自然就會流露出一些帶給他歡欣的話語，所以，這不是虛偽，只是帶上那份愛的覺知去看到別人的好。

如何讓你的生命故事上演一幕又一幕的精采？記得四海之內皆兄弟，對這個世界付出更多的愛吧！

008 你對世界敞開多少

《道德經》八十一章：「信言不美，美言不信。」相信你身邊一定會有這樣的人，他們性格豪爽、直率，說出的話也不經大腦思考就脫口而出，他們的話通常不好聽，但卻非常真實。也有些人，他們能言善道，很會講話，但其中的可信度並不高。

我們在與人交往中，都希望對方是個真誠的人，保持真誠是溝通的關鍵鑰匙。所以，我們要做的第一件事情，就是讓自己堅持用一顆真誠的心去對待身邊的人。不恭維誰，也不巴結誰，以真心換真心，我相信你的朋友會更多。

第二件事情就是，不要因為一句話是美言，你很喜歡聽，你聽著很舒服，就偏執地去相信。因為當你的周圍都彌漫著華麗的語言在恭維你的時候，你容易陷入一種自大跟自我膨脹的狀態，這狀態會讓你離成功越來越遠。

第三件事情，我們要懂得忠言逆耳的道理，善於分析說話人的起心動念。有些話雖然不好聽，甚至有點粗糙，但愛是不粗糙的，只要其中飽含著對方對於你的愛與期望，希望你能夠照單全收。

它們會助你擁有更加璀璨的人生。

「忠言逆耳利於行，良藥苦口利於病。」這句名言出自《史記・留侯世家》。試問每個人都喜歡聽忠告嗎？我想不一定。因為有些忠告真的是不好聽的，就像藥一樣，雖然能讓疾病痊癒，有時卻苦得讓人難以下嚥。

人性就是這樣，人們都喜歡聽讚美的話，但我的建議是：不論是對自己，還是對他人，都要有一個客觀的評價。首先要準確地認識自己，對於自己的長處和不足都做到心中有數，在這樣的前提下，我相信，對於別人的諫言，我們會更容易接納。

然而，每個人的說話方式不同，有些人雖然出發點是好的，說出來的話卻總是讓人難以接受。所以，我們需要學會敞開我們的心，去接受那些利於自己的忠言；至於那些我們自己不認可的評判，就隨他去吧。不糾結、不計較、不爭辯，是一種成熟的表現。

如果你像一隻刺蝟，聽不進別人出自好心的勸告，漸漸地，就沒有人願意跟你說真心話了，不是嗎？你也容易陷入某種程度的剛愎自用，錯過一些很有意義的、能夠讓你少走很多彎路的回饋。所以，請保持開放的心，你對這個世界敞開多少，這個世界就會對你敞開多少。也請保持平常心，只要你願意，我相信你的生命中會出現很多的貴人，或許只是一首好歌，或許只是電影中的一句台詞，就會讓你充滿力量。

修行的真諦之一，並不是不再遇到問題，而是：問題還會在，但對你而言已不再是問題了！帶著傲慢的修行，是無法聽進任何建言的，而極有可能一段忠言之語，恰恰是老天爺給的重量級禮物！若有自以為是的傲慢，反倒會毀壞掉多年來的修行積澱（大量時間與金錢的投資及累積的修行境界）！故請理解良藥苦口之真理啊！

009 有支持也有挑戰

當你相信萬物都是能量的時候，你就會越來越覺察到，一切決定勝負的關鍵，往往不在於你說了什麼、做了什麼，或者是你看到了什麼、聽到了什麼，而是你內在的能量流，是流向何方？是流向正向的，還是流向負向的？

決定勝負的關鍵往往不在於外在，而是你內在的能量品質。也正因為如此，我相信表面和諧不是真和諧！

不論是在團隊、家庭或是組織中，如果表面上大家都和和氣氣的，而背地裡都有不同的聲音，甚至在內在的狀態裡面，會帶有一些批判，我把它稱之為是傲慢的謙卑。如此一來，就會大大阻礙關係的進展，甚至常常會有莫名其妙的無名火，因為內在是有評判的。

所以，我們要學會一種能力，就是「衝突管理」。也就是學會給予對方支持，也學會接受別人的挑戰，也學會去適當地挑戰別人。不過請切記：挑戰別人不是你要去挑釁，而是學會提出你的期望，進而達成更好的共識。就如同我常說的：「沒有共識就無法共事。」

這個挑戰背後是帶著愛的，是願意坐下來做更好的雙向交流；然而這樣的交流並非指責、並非責怪、並非責備，而是真心地希望這個關係朝更正向的方向去發展。如此一來，我們就可以達到另外的一個平衡，因為宇宙不講道理，只講平衡。所以，支持與挑戰，是讓關係能夠持續進展的關鍵。

如果在你的生命當中，各領域的關係只想得到支持，不想被挑戰，或者是不想去挑戰別人，極有可能這段關係會停滯不前。當然，挑戰並不是帶著怨恨，挑戰的背後其實是：對彼此的期待有某種程度的落空。所以，我們會提出某種程度的挑戰，只要挑戰的起心動念是好的，生命本該如此，因為必須陰陽平衡，有支持也有挑戰，關係的品質才會生生不息地向上發展。重點在於：一切我們所付出的支援或給予某種程度的挑戰或者接受被挑戰，其背後的善心、善行，是希望彼此的關係更好的。

所以切記：若曲解了以和為貴，只注重了表面和諧，而內心總是有噪音，那麼，你是很難在一段關係裡收穫到更豐盛的果實的。

010 家和萬事興

「禮之用，和為貴。」《論語》中這句話告訴我們，在運用禮法的時候，要特別注意和睦相處。如果一個人過於自信，在與人的交流中輕乎別人的感受，這樣反倒得不償失。所以，真正的「禮」，必須符合一個和諧之道，要符合真正的平衡。

「和」是儒家特別宣導的原則，孔子認為凡事都要講和諧，但也不能不受禮法的約束；換言之，我們既要尊重長幼尊卑，彼此之間又不要出現不和。

生活中，有一些目無尊長的人讓人很不喜歡，那是因為他沒有「禮」的約束。這個社會沒有法制的約束是不行的，但如果領導者總是以一副高高在上的態度，不尊重自己的下屬，我想沒有人願意跟這樣的人在一起共事。

當你對別人付出尊重，一定也會得到別人的尊重。我相信生命就是這麼好玩，你付出什麼，就會得到什麼；如果你憤怒地對待別人，那別人回饋給你的也是一種憤怒的情緒，這就與「和」背道而馳。所以，我們要多去發現身邊人的好，當你能夠做到不要總是失落於別人不瞭解你，而是先做到去瞭解別人更多的時候，我相信你會得到更多的支援。我們想要活得更豐盛，需要得到更多的支持才行。

中國還有一句老話——家和萬事興。家可以理解成小家，也可以是大家。從一個家庭到一個國家，如果內部不和諧，外部一定會有狀況發生，然後會影響我們的內部更加不和諧。

下面有一個小故事跟各位分享：

據說林肯的妻子瑪麗．陶德．林肯做了總統夫人之後，脾氣愈來愈暴躁。她不但隨意揮霍，還常對人大發淫威，一會兒責罵做衣服的裁縫收款太多，一會兒又痛斥肉鋪、雜貨店的東西太貴。終於有一位吃夠了瑪麗苦頭的商人去找林肯訴苦。然而，林肯卻只是雙手抱肩，苦笑著認真聽完商人的訴說，最後無可奈何地對商人說：「先生，我已經被她折磨了十五年，請你就忍耐她十五分鐘吧！」

林肯深知家和萬事興的道理，有言道：清官難斷家務事。家庭裡沒有絕對的對與錯，即使他貴為總統，可以號令天下，但回到家中，他也不過是一名家庭成員而已。他要做的，跟我們大家一樣：孝順父母，疼愛妻兒，讓自己的家庭和睦，進而使國家興旺。

《論語》中也講「禮之用，和為貴」。我們活在世間，不能脫離群體而獨自生存，家是我們的港灣，我們在家庭中得到溫暖，在這療傷，在這充電，然後去迎接工作中的新挑戰，由此可見，家「和」是很重要的。一個國家能和，再強的敵人也不敢輕易地欺侮，因為上下團結的力量可以抵禦一切外來的壓力。

對於「和」，我們應該做的就是：和諧世界，從我開始。因為當你有了更好的和諧精神的時候，你所做的一切，都會充滿愛。這樣一來，豐盛了自己，成就了他人，家裡一片和睦。若我們每一個人都能這樣，整個國家，乃至整個世界，我想都會「家和萬事興」。

011

孝順是一種尊重

《弟子規》：「父母教，須敬聽。父母責，須順承。」這句話講的是敬老，是告訴我們，父母的教誨，一定要恭敬地聽，如果父母責備你，一定有他們的道理，我們要虛心接受。有人一定會說：「這很難啊！父母又不完全是對的。」是的，當我們漸漸長大，有了自己的是非觀念，便會覺得父母的嘮叨是多餘的，甚至是不對的，有時便會出現抵觸情緒。我想說的是，天下無不是之父母，他們的起心動念都是為了想讓我們變得更好，不是嗎？

西方心理學家已經驗證了一個事實，我們跟父親的關係會影響我們在事業上的發展，跟母親的關係會影響我們親密關係的發展。因為父母親是我們的第一任老師，在我們的潛意識當中，存儲了父母親的言行舉止以及與人互動的品質。所以，我們是不是可以這樣去理解：跟父親的關係越好，我們的事業就會更加順利一些；跟母親的關係越好，我們的感情生活就會更加幸福。

什麼叫作孝順？孝順就是孝孝地去順從就對了。父母親在教導或責備我們的時候，如果你有抵觸情緒，我告訴你一個方法，只要想到這一點，你就會平和很多——他們嘮叨的背後是源源不絕的愛。畢竟父母親並沒有學如何成為更開悟的父母，然而他們已經盡自己最大的努力去引領我們、去帶動我們、去撫養我們，所以這份感恩的心是非常重要的。這份關係的連接也即將會影響你更久、更久。

「夫孝，德之本也，教之所由生也。」這句話出自《孝經》，他告訴我們：孝，是一切德行的根本，也是教化產生的根源。

其實孝順是一個老生常談的問題，我非常相信，講起「孝」，每個人都會侃侃而言，然而，孝順卻不是一件紙上談兵的事，需要我們在每一件瑣事中去躬身力行。

最近在一些訪談節目中，我看到一些作為兒女的人，談起自己的父母淚流滿面、怨聲載道，大概的原因是父母從小拋棄了他，又或者父母親有一方有神經系統方面的疾病，為他的童年帶來了陰影，或者使他的童年生活很不幸福……對於他們我深表同情，也有幾句話想要告訴他們：如果你還能夠想到不想離開這個世界的理由，就表示你對這個世界還有愛，那麼你就沒有白來這人世間，你就應該對你的父母表示感謝，是他們把你帶到這個世界，要知道，生命是一件多麼神奇的事啊！在感謝的同時，就是一種孝順。

我的一個朋友跟我講：「我很孝順，我每週都要去我媽媽那裡，幫她打掃，洗衣做飯。」這聽起來不錯，然而他與母親的關係卻不像我想像的那麼好，原因呢？原來他的脾氣有點暴躁，每次來到媽媽家裡打掃，都要將他認為是沒有用的東西丟掉，而母親不要扔，他便以愛的名義、以孝順的名義跟媽媽抗議，口中還振振有詞：「我都是為了你好！」

他一邊擦地受累，一邊讓自己的母親生氣，這是何苦？這也是一種對於孝順的誤解。我們常講，孝順孝順，順從其實是最大的一種孝，這裡的順從還有一層尊重的含義。我們要孝順父母親，就要尊重他們的生活方式，順從他們的意願，讓他們按照自己想要的生活方式去生活，而不是以孝順的名義將自己的意願強加在他們的身上。

其實我們常常犯這樣一個錯誤：對待陌生人太客氣，而對待親人卻太苛刻，尤其是自己的父母。是因為我們心裡知道，無論怎樣他們都是不會離開的，他們都還會愛自己，所以在這種安全距離中肆無忌憚，然而有一天悔不當初，卻來不及了。

或許只是耐心地聽聽他們的嘮叨，然後耐心應聲「好」就是我們改變的開始，有了好的開始，相信一切都會好起來。孝順是一切德行的根本，想要改變，永遠都不晚，今天回到家，就給自己的父母親一個擁抱吧！

012

低調的積極

「不挾長，不挾貴，不挾兄弟而友。」出自《孟子．萬章上》，孟子告訴我們，在交朋友的時候，不仰仗年紀大，不仗恃地位高，不倚仗家裡的富貴來交友。

我們身邊可能都出現過這樣的人，覺得自己年紀較大，在與人交往中，舉手投足都透著優越感，不禁讓人有一種「倚老賣老」的感覺。「老」這個字最下面是一個匕首，這個匕首有它的兩面性。用得好，它能夠斬斷很多煩惱；而用不好，也會傷到彼此。

「不挾貴」，告訴我們不要去仰仗自己所謂的地位就去輕視別人。這世界很奇妙，風水輪流轉，我們不知道在未來的哪天自己會需要誰的幫助，今天你在此種下不好的種子，未來一定會有苦果在等著你。

我常講：一個人是不是大人物，全看他如何去對待一個小人物。比如，一個企業的核心骨幹跟自己的上司吃飯，殷勤客氣；然而，對待餐廳的服務人員卻蠻橫無理，語氣非常糟糕。如果我是他的上司，這個人我絕對不會重用，因為他不懂得尊重身邊那些很認真付出的人。

現在社會上有一種現象：有一些人，家境很好，很富有，於是很小的年紀卻常常目中無人，或許他們認為只要自己願意，他們可以跟任何人做朋友。然而，事實並非如此，一個人，若沒有不凡的人格魅力，沒有迷人的談吐，是很難給人留下一個好印象的，又怎麼會交到真心朋友呢？心理學家說過一個很重要的觀點：印象等於事實。你給別人的印象，就會成為日後別人評價你的依據。

所以，在此真心鼓勵每一個人，認真提升自身的境界，放下心中的自以為是，帶著一顆謙卑的心上路，低調的積極，而不是過度的張揚，能夠真正做到虛懷若谷，相信我們的明天都會更加精采。

孟子有句話被我們所熟知：老吾老以及人之老，幼吾幼以及人之幼。這句話告訴我們，當我們在孝敬自己父母親的時候，也要去尊敬其他的長輩；在撫養自己的小輩時，也要去呵護其他的小孩。

我們跟很多很多的人共同生活在這個地球上，如果每個人都能夠做到孟子這樣的境界，將心比心，推己及人，那將是一個多好的世界！

我曾經看過這樣一則故事：一位母親去商店，走在她前面的年輕婦女推開沉重的大門，然後一直等到她進去後才鬆手。當她道謝的時候，那位年輕婦女說：「我媽媽和您的年紀差不多，我只希望在她遇到這種時候，也有人能夠為她開門。」

過幾日，這位母親去醫院打點滴，年輕的小護士為她扎了兩針也沒把針扎進血管，眼見著針眼處泛起了青包。疼痛之時她正想抱怨幾句，想起了前些日子為她開門的女人，又看見小護士額頭上布滿了汗珠，於是她安慰護士說：「不要緊，再來一次！」

第三針果然成功了，小護士如釋重負地歎了口氣，連聲說：「阿姨，對不起，真感激您讓我扎了三次，我是來實習的，這是我第一次給病人扎針，太緊張了，多虧您的鼓勵！」這位母親說：「我的女兒也剛剛去工作，每個人都有生命中的第一次，她也將去面對她的第一位客戶，我希望她也能夠得到寬容跟鼓勵。」

我們每個人，也許會有很多角色的轉換。此地你是強者，另一處可能就是弱者；此時你是服務者，彼時就可能是被服務者。我們都有變老的一天，我們也都會有自己的小孩。我們希望別人怎麼樣對待自己，最好的方法就是先去那樣對待別人。

讓我們在生活中多一點老吾老以及人之老、幼吾幼以及人之幼的感悟，就會對長輩有更多的尊重，對孩子懷有更多的憐愛，也會使人與人之間多一些寬容和理解，少一些計較和猜疑。

013

愛是最高法則

古往今來的婚姻中，婆媳關係是比夫妻關係更不容易把握的。和諧的婆媳關係是穩定婚姻的重要基礎之一，也許這些道理大家都懂，可是做起來又存在各種的問題。在孩子吃喝上，婆媳之爭很激烈；在育兒觀念上，婆媳之間又存在明顯的分歧。

現在就有這樣一位朋友訴說煩惱，她說：「我和婆婆溝通很困難，我婆婆很強勢也很節儉，我認為在孩子的教育上是該投入的，她都覺得亂花錢；我認為該對孩子態度溫柔點，她覺得我太軟弱，要讓孩子怕才對。雖然，我和婆婆沒有直接衝突，但就是不知道我該如何溝通？請老師指點。」

假設有兩個場景，第一個場景是你們住在一起，第二個場景是你們不住在一起。當然，住在一起跟不住在一起，彈性度還是不一樣的。

先說共性。遇到很強勢的人，妳要記住，她要的是什麼？她喜歡自己做決定或者她喜歡妳服從，這才叫強勢。

住在一起的話，妳跟婆婆溝通，最好是用問的方式，而不要說，請妳配合就這樣做。然後，妳一定要講道理給婆婆聽，決定權在婆婆。舉例來說，比如妳現在對婆婆說：我有個想法跟您溝通，您看這樣可不可以？好不好？那決定權在您，您覺得如何？然後，你再講道理給婆婆聽，讓她做選擇，選A還是選B會比較好。

記住，永遠不要吵架，因為吵架就變成一種理論了，100－1＝0。這也如同情緒對抗情緒，什麼也得不到，你再努力、再孝順的善行全部都歸於零。我的理解是，婆媳之間的問題要用情去處理，多用一種請教的方式，這是非常重要的！同時要做分析。

如果沒有住在一起的話，彈性稍微大點。

有時候妳必須懂得去用一點必要的彈性力度，再跟孩子教育溝通；有時候妳必須跟孩子再多一些必要的交流，讓他意識到，媽媽的方法其實是很重要的。最重要的是，要給孩子一個念頭：不管給他什麼方法，其實父母親包括爺爺奶奶都是愛他的，這是非常重要的。

記住：愛是最高的法則，愛是一切的答案啊！當婆婆理解你的用心、你的出發點，一切都明白了，就什麼問題都沒有了。

014 決定權在自己

有朋友發來訊息說：現在兼職的一份職業（或者說一個項目）是一個創新的平台。而新事物總是備受爭議，他在接觸這半年的時間裡，感受到這家公司很有實力，而且創新的模式是前所未有的，包括很多理念、文化都很吸引人。但是現在很困惑的一點，就是身邊的親人根本就不理解，或者說壓根就不看好，都在拒絕，真替他們惋惜，但是又很想幫助他們，他該怎麼做？請老師指點。

其實我有兩個很重要的觀點：第一個，自己要拿主意。以世界首富比爾・蓋茲而言，他在創立微軟的時候，很多人說他是瘋子。一個偉大的事業，一開始的時候，通常有人會說你是瘋子，這是很正常的。但關鍵點是，你自己要拿主意，拿主意時你要做評估，包括文化傳播的概念。

第二個，你要瞭解道理。在很多人不理解、不瞭解的時候，不代表它一定是錯的或是對的，而是你要多相信你自己。相信的程度會決定你的路能走多長和多久，這是非常重要的！

以我而言，在剛踏入培訓行業的時候，我天天練習演講，淩晨兩、三點還在對著鏡子練習演講。那時候我母親覺得我真是瘋了。

其實這也難怪，她怎麼知道她自己的兒子將來會在另一片土地上，靠著演講和智慧，能夠在很多地方幫助更多的人一起共同成長。

有件事讓我印象深刻。我第一次演講完的第二天早上，家裡的四個姑姑還有一個大伯，他們就輪番打電話跟我說：你瘋了嗎？你為啥要去台上當講師啊？這樣好不好，姑姑出錢讓你去考醫師執照？

但後來少了一個醫師，多了一個講師。這過程當中也好辛苦！不過到最後，他們非常支持我的事業，支持我的工作，甚至每天都會給我很好的祝福。在我堅持這幾年當中，每一天都跟我父母親通電話，尤其是我母親。

跟媽媽說說、跟爸爸聊聊其實是很重要的，這也是對老人家的一種尊重！因為，職位再高也高不過父母親，這應該是很多人的覺知啊！

我就是這樣不停地去做，讓自己的家人全面地接受自己，還來支持自己，做自己的傾聽者和支持者。我想，我講自己的故事應該對讀者有些不一樣的啟發吧？聽老人家的話，決定在自己。

當然最主要的是，你必須找出可以讓自己相信的支撐點，然後堅持下去。不要活在別人的嘴巴裡面，而是你真的相信這個新事物最後能帶給你幫助，記得隨時作調整，隨時觀察和判斷。

015

不怨天，不尤人

「君子不怨天，不尤人。」出自《孟子．公孫丑》。真正的君子，不抱怨天，不責怪人。

有一則古老的寓言，或許可以給我們一些啟示。

有一個年輕的農夫，划著小船，給另一個村子的居民運送自家的農產品。那天的天氣酷熱難耐，農夫汗流浹背，苦不堪言。他心急火燎地划著小船，希望趕緊完成運送任務，以便在天黑之前能返回家中。突然，農夫發現前面有一只小船，沿河而下，迎面向自己快速駛來。眼看兩只船就要撞上了，但那只船並沒有絲毫避讓的意思，似乎是有意要撞翻農夫的小船。

「讓開，快點讓開！你這個白癡！」農夫大聲地向對面的船吼叫道，「再不讓開，你就要撞上我了！」但農夫的吼叫完全沒用，儘管農夫手忙腳亂地企圖讓開水道，但為時已晚，那只船還是重重地撞上了他的船。

農夫被激怒了，他厲聲斥責道：「你會不會駕船啊？這麼寬的河面，你竟然撞到了我的船！」

當農夫怒目審視對方小船時，他吃驚地發現，小船上空無一人。聽他大呼小叫、厲聲斥罵的只是一只掙脫了繩索、順河漂流的空船。

在多數情況下，當你責難、怒吼的時候，你的聽眾或許只是一隻空船。那個一再惹怒你的人，絕不會因為你的斥責而改變他的航向。

我們每個人的生活都不是一帆風順的，然而，面對突如其來的困境和挑戰，你的反應是怎樣的？我們常常會聽到員工抱怨上司太過苛刻，主管抱怨下屬不夠用心工作，媽媽抱怨小孩不夠聽話，孩子抱怨媽媽不理解自己……而抱怨之後，問題依然存在，甚至會變得更糟。

前段時間我看了一部電影叫《大上海》，電影中周潤發所飾演的角色帶給我很大的震撼，這個角色讓我瞭解了，大器之所以為大器，就是因為他不怨天、不尤人，他懂得隨順的重要。緣分到了，隨喜、隨心、隨緣。然而，在圓夢的過程中，儘管有諸多挑戰，他卻從未有過任何的抱怨。這是《大上海》這部電影中主人公的人格魅力所在。

其實，不抱怨是我們每一個人在生命當中最重要的覺知，抱怨是送給自己最糟糕的禮物。不怨天，不尤人，讓我們的生命進入更良善的循環。

016

成人之美

《論語．顏淵》：「君子成人之美，不成人之惡。小人反是。」一個真正有力量的人，他會做到「成人之美，而不是成人之惡」。何謂「成人之美」？我們必須懂得一個很重要的心理學觀點：爬山要懂山性，游泳懂水性，經營人生必須懂人性。

企業的「企」是止於人，「人」要有一撇一捺才能夠支持起來。所以，我們必須瞭解，關係的互動是至關重要的。如何「成人之美」？我的理解是，別人要的多給一點，別人不要的少給一點。

贏家的「贏」字從亡開始，亡口月貝凡。這告訴我們，要想成為贏家必須先學會付出。如果你想得到更多的微笑，請你先付出你的微笑；想要得到更多的財富，先去幫助別人實現他的夢想。其關鍵點在於：你付出了什麼，你就會得到了什麼。

凡事先求瞭解人，再求被瞭解。試想一下，當你進到一個場合，急衝衝跑到一個地方，就告訴別人自己的想法，卻忘了去觀察一下別人正在做什麼。這時候說出來的想法恐怕不會有很好的回應。所以，不斷提高自己的觀察力就顯得尤為重要。

凡事不要太過於急急去展現你自己，而是先試著去照顧對方的感受，成全對方的好事，而後找準合適的契機去闡述自己的觀點，我想，那樣的話，應該會得到更多人的喜愛與支持。這便是君子的「成人之美」。然而，更重要的是「不要成人之惡」。

當身邊的人心情不好的時候，我們能做的是讓他盡快恢復平靜，而不是火上澆油；看著自己的朋友養成了不好的習慣或做出不義之舉的時候，我們應該提醒他，讓他意識到自己的問題，而不應漠然視之。這個宇宙只講平衡，不講道理，沒有對錯。也就是說：「你所付出的一切好的與不好的，終究都會來到你的身邊。」所以，我們要發善心、存好心、說好話、做好事。

當我們帶著這顆心前進的時候，我們會發現，這世界到處都充滿愛與希望，還有力量。這也是君子應有的作為。所以，在此鼓勵每一個人，努力成為生命當中的天使，也努力成為別人生命當中的天使。相信我們一起，就可以在地球上創造更不可思議的天堂。

017 注重說話的品質

《聖經》中有一句話：「光榮與羞辱全在乎語言；人的唇舌，能使人招致死亡。」

我相信語言是有魔力的，它是有白魔法跟黑魔法的。例如，有時候我們聽到一段話，會有生氣、憤怒或是難過的感覺，這就是黑魔法的效應。反之，我們聽到一段話，心裡充滿開心、喜悅，感覺自己的內在被滋養，甚至更有動力去把事情做得更好，這就是白魔法的效應。

所以，往往有時候說者無心、聽者有意。有可能你無心的一句話，會影響到一個人的一輩子，帶給他難以忘懷的傷痕記憶；有可能您的一席話應了古人所說的：「聽君一席話，勝讀十年書。」可以達到所謂的聽之者茅塞頓開也！

如果我們想要人際關係有更好的發展，首先要了悟的是，您說的每一句話，要嘛是增加您的業力，要嘛是消除您的業力。所以，要謹言慎行！就如同《道德經》所說的「悠兮其貴言」是非常重要的。

《一九四二》這部電影帶給我很多觸動，其中有一個場景讓我記憶猶新。電影中整個老東家掀起了翻天覆地的變化，其中一個原因就是栓柱急急忙忙跑回來大喊：「兵來了，兵來了！」他沒有審時度勢，去看看周遭的環境發生了什麼變化，使老東家開始遭受到羞辱，所以，光榮與羞辱真的是在乎你的語言。有些話可以大聲說，有些話必須要私下說，我們要很珍惜自己所講的每一個字，瞭解什麼話該說，什麼話不能說。

談到講話的技巧，我覺得首先應該先學會傾聽，先做個好的傾聽者，不要急著滔滔不絕地表達自己的看法，認真聽對方把話講完，並且在適當的時候用「我瞭解」給予一定的回應，這個回應會讓對方有種被重視的感覺，為談話環境散發一個更好的磁場，進而可以做更好的互動。相信通過我們的努力，必將讓自己成為一個會說話的人，當你掌握更多的說話技巧，你的整個人生都將領略到更多的風景。

最後與大家共勉一段美國前國務卿鮑威爾的說話技巧：

著急的事，慢慢地說；大事要事，想清楚說；

小事瑣事，幽默地說；做不到的事，不隨便說；

傷人的事，堅決不說；沒有的事，不要胡說；

別人的事，謹慎地說；自己的事，坦誠直說；

該做的事，做好再說；將來的事，到時再說。

018

聽懂真心話

《弟子規》說：「聞譽恐，聞過欣；直諒士，漸相親。」

「聞譽恐」這句話講的是：當我們聽到別人的讚譽，不要得意忘形，反而會覺得有點恐慌，這個恐慌是基於一種受寵若驚的狀態之上，像聖德君子那樣，聽到讚美後，怕自己的德行、學問擔負不起這樣的讚譽而恐慌。

「聞過欣」告訴我們，當我們聽到別人批評我們或指出我們的過失，這個時候反而覺得歡喜。為什麼？因為我們都知道，在人生當中，真正能夠指出我們過失的人並不多，如果他是真心為我們好才去批評我們，讓我們知道自己的缺點，能夠少走些彎路，這難道不是一件值得欣喜的事情嗎？

在此我想跟大家分享兩個詞的區別——「真話」和「真心話」。各位有沒有考慮過他們的區別在哪？對，差別在一個「心」字。

真話就是真話，只是對方心裡真正的想法，不見得是能夠幫助你的，他隨口一說，有時並不會幫助我們，反而會把我們的能量往下拉。

然而，真心話卻能夠推著你往上走，他是用心良苦地想讓我們變得更好，所以才指出我們的不足，他可能是你的父母、老師或者摯友……他們的真心話能夠激發我們正向的潛能，讓我們能夠更好地成長。因此，當我們聽到這種批評時，應懷著感恩的心，感覺欣喜。

「直諒士，漸相親」則告訴我們，當我們能夠發自內心地去理解、去體諒別人的諫言，然後將其轉換成對我們有幫助的養分，以及更好的動力的燃料，我相信所有的人都會慢慢地向你靠攏的。「漸相親」就代表，更多好的人、事、物都會出其不意地擁到你身邊，給你更多的幫忙，能夠達到我認為最美的境界之一——「心未想，事已成」。當我們的境界有所提升，我們不難發現，好事是不斷的，奇蹟是不斷的。

子曰：「巧言亂德，小不忍則亂大謀。」「巧言亂德」是指花言巧語能敗壞德行。我們都是喜歡被表揚的，然而，表揚分很多種。有一些表揚中有很大恭維的成分在裡面，對於這樣的讚美，我們要時刻保持一個清醒的狀態，學會分辨別人跟你講話的起心動念是什麼，千萬不要被人誇兩句就不知自己姓甚名誰了。

對於讚美，我們要有一個理智的分析，然而，有時候忠言逆耳，良藥苦口，總有一些真正的朋友常常說出一些讓你聽了不舒服的話，這個時候，我們也要冷靜地分析，分析他的起心動念是什麼，只要是為了自己好，我想不論話講出來多麼不好聽，我們也都要忍耐。朋友的定義就是能夠激發你更多的智在心能量的人，他能夠讓你的潛力有更好的迸發，所以，學會去聆聽對自己有幫助的語言，而非只是聽好聽的話。

我們要學會去控制自己的情緒，小不忍則亂大謀，倘若我們由於一時的衝動傷害到別人，當別人被自己傷害了之後，我們可能要花更長的時間去修復這段關係，甚至很難修復。所以，如果你有一個大格局的規畫，如果你是有大夢想的，真心建議你學會成為情緒的主人，這句話我常常掛在嘴邊，因為這也是我要不斷修煉的功課。

對身邊的讚美與批評都理智客觀地對待吧！從中吸取對我們有幫助的，讓自己更好地成長，不要常常被情緒淹沒。當你能夠成為情緒的主人，當你能夠駕馭自己的情緒，當你能夠擁有更高的EQ的時候，相信你距離成功就不遠了。

019

說話要得體合宜

《聖經》中有一句很美的句子：「一句話說得合宜，如同金蘋果放在銀網子裡面。」這句話是我生命當中非常推崇的一個信念。一句話說得合宜，也是我們要學會的一種很重要的能力。會講話不代表會溝通，然而溝通能力決定你的生命狀態跟生命品質。我常講，你怎麼說比你要說什麼重要。我們要試著讓周遭的人因為你的到來、因為你的話語，如沐春風。

一句話說得體合宜並不容易，需要考慮時機、場合，還必須出自良善的態度，同時存著一顆善意的心，而不是在美好的言詞下卻有一顆不平的心。智者並不鼓勵人多言，因為言多必失，懂得傾聽會讓我們學到更多的東西，因此一句話說得好，不僅使別人得到幫助，自己也會非常喜樂。

這裡有一個小故事跟各位分享：

有一次我去拜訪一位高中同學鮑伯，他那天要將貨品送到位於達拉斯貿易中心的客戶那兒，那時正好風雨交加。客戶曾告訴鮑伯，可以把車停在大樓的後面卸貨，所以我們就將車停在畫黃線的卸貨區。

此時，一個大樓警衛衝過來大吼說：「喂！你們不准停在這裡！」我立刻反駁，我們已經報備過，也得到主管人員海根斯小姐的允許。我很不願意在這種天氣中把車停在半英哩外，再辛苦地運這堆貨品。

然而，鮑伯的反應正解釋了他為何能在高中時代獲得最佳服務獎的榮譽。他立刻放下手中的貨物，以非常誠懇的口氣對那位警衛解釋說：

「海根斯小姐告訴我說，如果我只需要暫停幾分鐘的話，就可以利用這裡卸貨。不過，也可能是我自己搞錯了，畢竟這裡是你管理的。那麼請你告訴我該怎麼辦，我就照著做好了。」他注視著那名警衛的雙眼，微笑著等他回應。

我從來沒有見過一個態度強硬的人軟化得這麼快，那位警衛竟然說：「嗯……我想……如果你只停幾分鐘而已的話，應該是沒什麼關係的。好吧！那我幫你看著車子好了，以免被別人開罰單。你儘管去忙吧！」

鮑伯非常感激地道謝，我們也因此能輕鬆愉快地把事辦好，一滴雨都沒沾到，而且我們離開時，那名警衛竟然還熱心地搬開一些路障，讓我們利用特別出口開出去呢！

這則小故事生動地告訴我們溝通的重要性。信念創造外在的實相，你所相信的事情，包括你所講的話，都會反映出你的內在狀態；反過來，如果你的內在是平靜喜樂的，你的溝通品質也一定會很好。

試想一下，倘若你的話語能夠將光亮帶給困惑的人，將盼望帶給沮喪的人，那必將是很美的。

我們所處的時代需要這種溝通能力，需要真誠與愛心，也需要不增痛苦、激發信心與能量的話語。

020

讚美使生命進入良性循環

有句話這麼說：「誰不在背後說人呢，誰不在背後被人家說呢？」你喜歡跟人家聊八卦嗎？還是你很喜歡別人聊你的八卦呢？其實有一些無傷大雅的話是無所謂的，但是如果一旦牽扯到當事人的缺點或隱私，我認為就不是很好。我非常相信，你付出什麼就會得到什麼；我也非常相信，一個人的品味可以從他的談吐中表露出來。然而，一個每天滿嘴是人家八卦的人，是很難讓人有好感的。我的建議是，謹言慎行。

在做任何事、說任何話的時候，都會揭露自己的起心動念，如果這個想法不成熟、不確定，或者會傷害到一個人的時候，為什麼要圖一時痛快去說呢？

還有一種情況，生活中一定不乏這樣的人，打著一面心直口快的旗子，總是當眾指出別人的缺點或隱私。或許他真的是沒有惡意的，卻也真的傷害到了別人，這又何必呢？

不論是背後評論還是當面說穿，也不論是有心還是無意，我希望朋友們都能有一個厚德載物的精神。看透而不說透，是一種境界。更何況每個人的精力是有限的，注意力就像陽光，照到哪裡，哪裡就會成長。倘若你把焦點都放在人家的私生活上面，我想原本可以被創造出的價值，都會被這些八卦淹沒了。

多給身邊的人一點鼓勵吧！如果想讓身邊充滿微笑，請先給出你的微笑；不想被別人背後議論，就先把自己的嘴巴管好。當然，聽到別人的批評也不要盲目地抵觸或失落，懂得傾聽，然後吸取有營養的給自己，至於那些你不贊同的，隨他去吧。

《弟子規》說：「道人善，即是善；人知之，愈思勉。」它告訴我們，稱讚別人的美德本身就是一種美德；別人聽到你的讚美，就會更加勉勵自己。

日本有一位江本勝博士，他曾用水做實驗，當他面對一杯水說感謝的話、祝福的話，無論用哪一種語言講，這杯水在高倍顯微鏡之下，顯現出來的影像都是非常漂亮的結晶體。可見，水能夠感受到人的意念所傳遞的能量。水能夠接收得到，這說明所有萬物都能接收得到。

我們看到很多養花的人，每天都對花講話說：「你長得真漂亮！」這樣常常跟花溝通，結果花越開越茂盛。萬物跟我們都有互動，我們一念善，一念祝福，水結晶都會變得很漂亮；然而人體百分之六七十都是水，你的一念可以影響一杯水，也一定會影響一個人。

人的心都是向善的，我相信每個人都有一顆惻隱之心，我也相信，當我們不斷給自己的心田種下好的種子的時候，我們外在的世界就會更加的豐盛與幸福。然而，最簡單的施善方法就是學會去讚美別人的善行。心理學家說：「經過讚美的行為，將會不斷地重複出現。」所以，當你讚美別人善行的時候，就是善行。因為別人聽到你的稱讚，受到鼓舞之後，他就會更努力地去行更多的善出來。

請讚美身邊的人吧！那讚美不僅會使你的生命進入一個更良性的循環，同時也會鼓勵被讚美的人做出更多的善行，幫助更多的人。

021 保持適當彈性

《道德經》第八章：「上善若水。」它告訴我們，最高境界的善行就像水的品性一樣，澤被萬物而不爭名利。

有一句廣告語：「水，是生命之源。」是啊，水，是我們生活中再尋常不過的一樣東西，但仔細琢磨一下，我覺得水有很多品質都是值得我們在做人做事中去學習和借鑒的。「上善若水」僅此一句話，便叫人體會到了水的意境。

首先是水的無私精神，澤萬物而不求回報，世間的萬事萬物都離不開水的滋養，但水卻從不要求回報。二是水的謙和，避高趨下，水往低處流，具有不張揚、低調的品質。

第三點特質即水是有彈性的，在海洋中是海洋之形；在江河中是江河之形；在杯盆中是杯盆之形；在瓶罐中是瓶罐之形。這也是一種人生哲學，是一種智在的狀態。

生活中可能會遇到各種各樣的問題，隨機應變，保持適當的彈性，會讓自己遇見更多美好。在禪宗裡有這樣的一個故事：

有一位高僧，是一座大寺廟的方丈，因年事已高，心中思考著找接班人。一日，他將兩個得意弟子叫到面前，這兩個弟子一個叫慧明，一個叫塵元。高僧對他們說：「你們倆誰能憑自己的力量，從寺院後面懸崖的下面攀爬上來，誰將是我的接班人。」慧明和塵元一同來到懸崖下，那真是一面令人望之生畏的懸崖，崖壁極其險峻陡峭。

身體健壯的慧明，信心百倍地開始攀爬。但是不一會兒，他就從上面滑了下來。慧明爬起來重新開始，儘管這一次他小心翼翼，但還是從山坡上面滾落到原地。慧明稍事休息了後又開始攀爬，儘管摔得鼻青臉腫，他也絕不放棄……讓人感到遺憾的是，慧明屢爬屢摔，最後一次他拼盡全身之力，爬到半山腰時，因氣力已盡，又無處歇息，重重地摔到一塊大石頭上，當場昏了過去。高僧不得不讓幾個僧人用繩索，將他救了回去。

接著輪到塵元了，他一開始也是和慧明一樣，竭盡全力地向崖頂攀爬，結果也屢爬屢摔。塵元緊握繩索站在一塊山石上面，他打算再試一次，但是當他不經意地向下看了一眼以後，突然放下了用來攀上崖頂的繩索。然後他整了整衣衫，拍了拍身上的泥土，扭頭向著山下走去。旁觀的眾僧都十分不解，難道塵元就這麼輕易地放棄了？大家對此議論紛紛。只有高僧默然無語地看著塵元的去向。

塵元到了山下，沿著一條小溪流順水而上，穿過樹林，越過山谷……最後沒費什麼力氣就到達了崖頂。當塵元重新站到高僧面前時，眾人還以為高僧會痛罵他貪生怕死、膽小怯弱，甚至會將他逐出寺門。誰知高僧卻微笑著宣布，將塵元定為新一任住持。

眾僧皆面面相覷，不知所以。塵元向同修們解釋：「寺後懸崖乃是人力不能攀登上去的。但是只要於山腰處低頭下看，便可見一條上山之路。師父經常對我們說『明者因境而變，智者隨情而行』，就是教導我們要知伸縮退變的啊！」

高僧滿意地點了點頭說：「若為名利所誘，心中則只有面前的懸崖絕壁。天不設牢，而人自在心中建牢。在名利牢籠之內，徒勞苦爭，輕者苦惱傷心，重者傷身損肢，極重者粉身碎骨。」然後高僧將衣缽錫杖傳交給了塵元，並語重心長地對大家說：「攀爬懸崖，意在檢驗你們的心境，能不入名利牢籠，心中無礙，順天而行者，便是我中意之人。」

世間癡情之人，執著於勇氣和頑強者不在少數，但往往如故事中的慧明一樣，並不能達到心中嚮往的那個地方，只是摔得鼻青臉腫，最終一無所獲。他們缺少的就是像水一樣的彈性，他們總是認為，這件事應該怎麼樣，或不應該怎麼樣，如果事情沒有如他所願，就心情煩躁。

現在開始，放下你心中的應該與不應該，多點彈性，會讓你擁有更多的選擇和迴旋的餘地，也會讓你遇見更多美好。

022
瞭解他做事的動機

「子曰：視其所以，觀其所由，察其所安，人焉廋哉。」出自《論語・為政篇》。這句話主要講了如何去更好地瞭解別人的問題，孔子認為，欲瞭解對方，應當聽其言而觀其行，還要看他做事情的心境，從他的言論、行動能夠看到他的內心，這樣全面地觀察一個人，那麼這個人就沒有什麼可以隱瞞了。

所以，如果你想要跟一個人做更好的互動，或成為更加親密的朋友，我們需要去察言觀色，去瞭解一下，他在做這件事情背後的動機是什麼？我們常常被表象所框住，其實每個人說的每一句話、做的每一件事，甚至問你的每一個問題，其背後一定會有一個動機。要瞭解一個人，最好的方法就是去瞭解他做事的動機，瞭解他到底是怎麼樣行走在人世間這條道路的，他做事情背後的價值觀和信念是什麼。

每個人做任何一件事，他內心的價值觀一定是認同的，就像壞人做壞事，他一定會找一個令自己心安的理由，這個理由或許冠冕堂皇，或許催人淚下，但是錯了還是錯了。我們在觀其言的過程中，不能被這些藉口矇蔽雙眼。

我們要用心地觀察，一個人的穿著、打扮、所化的妝、所佩戴的眼鏡，都能透露出他的性格；他與人交流中的語氣、用詞，他做事情的起心動念，都會透露出其內在的一些資訊。如果我們能夠學會去善於觀察，相信我們會更瞭解身邊的人，畢竟，知已知彼，百戰不殆。這不僅可以幫助我們瞭解別人，也可以幫助我們更好地認識自己。

回顧一下自己過去的經歷、現在的所為以及心中的夢想，時常去觀察自己那顆心，是否平和、謙良。其實人的一生就是被過去、現在的所為和對未來的希望所決定的，你還能怎麼樣，你還能到哪裡去，你還能實現什麼，都這樣被你自己決定了。

最後，與各位共勉：「子曰：視其所以，觀其所由，察其所安，人焉廋哉。」這是能夠讓我們更好地瞭解別人和自己的至理名言。

023 少是多，多是少

《道德經》第四十八章講「為學日益，為道日損」。

今天的你如何在地球上創造屬於自己的喜悅天堂，關鍵在於：你學習的時候，必須用加法。例如，學習世間一切能夠幫助你更快樂、更豐盛、更喜悅地過生活的一些方法。

舉個例子，今天你想要學開車，那麼你必須去掌握所有的駕駛技術，然後將其綜合運用，才可以去考駕照。如果我們想讓自己變得更好，我們需要學習很多的東西，比如，要學習如何去打扮自己，要學會如何進行更好的社交，如何更好地溝通、更好的時間管理等等，然後用加法將以上這些部分都一點一點地做到，在每一天的生活中使自己漸漸地有更好的成長，從而使自己的生命品質得到更好的提升。總而言之，知識越積累越豐富。

然而，在學習「道」的過程中，必須用減法。「為道日損」、「大道至簡」這是非常重要的。求道之人，要逐漸減少自己的主觀意識、思維見解等。因為人的主觀意識和思維見解都是有區別和局限性的，在求道的路上會成為我們的障礙。生活是不容易的，同時也可以是很簡單的。例如，我們生活在各種關係中，學會更好地去經營身邊的每一段關係，就顯得尤為重要。

在經營關係中，最重要的原則之一就是：你必須建立更好的信賴感和親和力，他們是很簡單的「道」的原則。我們要學會多關心別人，別人喜歡的多給一點，別人不要的少給一點，這便是大道至簡的道理。

試想一下，若我們擁有了物質世界的更多禮物，卻養成了貪婪的靈魂，那我們的精神世界就會缺乏安寧與喜悅。這不就是「多了也可能是少了」嗎？因為，多了終究會毀壞的物質，卻少了精神層面永恆的安在。

然而，當我們能夠有更好精神的安在，也許物質世界不可能百分之百的富足，也許我們不是世界首富，但是我們的精神世界卻可以像首富一樣地富有。

我非常相信《聖經》上的一句明言智語：「若一個人賺得了全世界，卻失去了靈性的生命，這又有何益呢？」所以，我想提醒您的是：我們能不能不要過多誇大自己的物質欲望、不要過多地去追逐那終究需要放下的欲望？就如同《金剛經》上所說的：「一切有為法，如夢幻泡影。如露亦如電，應作如是觀。」

現在，請用心思考一下：我們能不能多一份向內關照的準備、多一份向內關照的心思，而不是一直急急忙忙地向外貪求。當然，言盡於此，不代表你不能過上更豐盛的物質生活，而是希望你不要過於誇大追求物質的禮物。因為欲求不滿的意識，會讓我們看不到內在無限的豐盛，所以，兩者如何找平衡點，是至關重要的。

在此，我鼓勵人們要有物質的豐盛，更要有無比豐盛的心靈。畢竟我們再怎麼富有，也只是睡一張床；每天還是固定吃那麼多的東西；一個人還是只能開上一輛車，不能一個人同時開上兩輛車，不是嗎？

所以，在一定的物質豐盛的基礎之下，努力地、用心地去成為精神世界的富翁吧！

024

先藏再動

《孫子兵法·軍形篇》第四講：「善守者，藏於九地之下，善攻者，動於九天之上，故能自保而全勝也。」「九」在奇數中最大，有最尊貴之意，故有「九」為極數之說，就像洛陽城有十三朝古都，但是我們統稱為九朝古都。所以《孫子兵法》中這句話的意思是：善於防守的人，能充分利用各種有利地形，將其藏在最深的地下，達到隱匿到深不可測的程度；善於進攻的人，能適應天氣的變化而行動，做到迅雷不及掩耳，使對方防不勝防，這樣既能保全自己，又能獲得勝利。

在非洲草原上最高的毛草叫尖毛草，有「草原之王」的美稱。它的生長過程很特別，最初半年，它是整個草原上最矮的草，半年後雨水一到，只要三五天，便有一、兩公尺高。原來，在前六個月裡，它不是不長，而是一直在長自己的根部，雨季前，雖露一寸，但扎根地下超過二十八公尺。當儲積了足夠的養料和能量後，便一發不可收拾，幾天時間裡，一下子長成了草地之王。

這也引發了我們在工作中的一個思考，它告訴我們，要學會厚積薄發。在需要我們動的時候，就要像獅子搏兔，君臨天下。然而在時機不夠成熟或者在並不適當的場合，我們就要學會潛藏。

有時，不急於表現自己的人，恰恰是最富有競爭力、生命力、最有前途的人。積累不夠就急於表現，很有可能只是曇花一現，甚至會給自身帶來傷害；而厚積薄發、水到渠成的人，則會長久地享受成功的愉悅。

世間的萬物，都有自己的發展規律與步驟，我們不能為了達到某種炫耀的目的就揠苗助長，這是一種短視行為，我們要學會耐心等待，等待收穫更大更好的果實。

一個人要成就更豐盛的未來，請先學會藏，再學會動，希望《孫子兵法》裡面提到的這段話能夠為你帶來幫助。

025「輸」是人際交往最高境界

在我多年領導管理實踐與心理學的研究過程中，包括接觸很多不同領域、不同階段的經理人的過程中發現，使得他們有很好的公司績效以及發展前景的，是因為他們有對「贏」的強烈渴望與決心。

而與此同時，如果他們出現了管理溝通與人際交往的困惑和困擾，也往往與要贏的潛在心理想法相關。因此這不得不讓我們深入去思考，贏是什麼？

人際交往中，我們到底要贏什麼？可以輸嗎？贏是一種結果，是一種長期經營下的局面，而並非是過程中的每個環節、每個階段、每個當下的贏。故我想與大家共勉，並引發大家從不同的角度去思考的是：人際交往的最高境界是——輸！

每個人來到這個世界，就開始被灌輸很多想法、理念與方法，而這些豐富我們思考模式與方法工具的思想理念，不管是來自父母、學校、工作場所還是社會輿論，都在向我們教育傳遞著這樣一個核心精神——贏。因為要贏，所以我們不斷地成長與提升。因為有贏的精神，所以社會呈現出積極向上、蓬勃發展的景象；同時也是因為要贏，在贏的慣性思考下，人與人、人與組織、組織與組織之間出現了爭執。

因為有了誰對誰錯、誰有理、誰沒理、誰更好等的矛盾衝突與爭吵，從而就有了父母、子女、夫妻、朋友、同事、領導、下屬之間關係的緊張，而通常誰對誰錯、誰有理、誰沒理、誰更好這些爭吵內容，不見得是我們需要以理據爭的。

但是，「我們要贏」的這個潛在慣性在作怪，當下想贏的心理調動了我們準備戰鬥的防備情緒，並付諸行動地捍衛我們的觀點。然而當你真的贏了，失去了良好互動關係的時候，你贏的快感卻不會讓你有多大的成就，甚至反而是沮喪。

因此，如果你是一個新員工，或剛加入一個團隊，或是你是團隊中很有潛力的一員，那麼請你學會與人相處的「輸」。因為「木秀於林，風必摧之」。要學會把成就感與成績歸功於上級主管，歸功於團隊，你的輸會為你變相地贏得更好的融合，以及更多被認同的機會。

我常常提及，領導者最需要丟棄的就是成就感，你作為一個領導或管理者，輸的境界表現，就是把成就感歸功下屬和團隊中每一位付出的夥伴，這樣你就會獲得更多的擁戴與支持。

而作為家庭成員的一份子，輸的思考會讓你嘗試著去尋找更好的辦法，或者是更適當的表達方法，以呈現自己的情感和觀點，這樣你就可能達到融洽的和諧關係；同時，輸也是對周圍人、事、物表達感恩的另一種表現。

時刻感謝父母的養育與栽培，感謝生命中另一半的共同扶持與彼此照顧，感謝朋友、同事平時的幫助與關懷，感謝主管與上級的點撥與提拔，感謝下屬的支援與協助，感謝客戶的關照與信任。

所以，事實上，輸不會讓你沒面子，輸不會讓你失去什麼，輸會讓你贏得更大的理解與體諒、認可與支持，獲得更多的包容與協助。最終達到和諧發展的人際關係，進而為你的事業與人生贏得更大的發展空間。

我們都知道，宇宙是一個大的平衡場，當你給的越多，付出的越多，它會以不同的方式從不同的層面給你回報，以使宇宙裡的事物達到平衡運作的局面。當然，輸不是一味謙讓，輸不能違背你做人做事的基本原則。輸要輸得漂亮，我們要學會輸與贏的拿捏藝術。

有時候是強者尊敬強者，我們要學會因時、因地、因人做彈性的調整。因為輸也是一種贏的表現，請用贏的精神、輸的境界，來經營你的人生吧！如此平衡發展的人生，才會使你成為真正的贏家。

第二輯 木主仁：愛不止息

若缺少了感恩與喜悅，就容易應了古人所說的，壞事接二連三，即易掉入負面輪迴中！故讓你的生命持續與奇蹟共舞的大前提，就是堅信：感恩就是感受恩典的能力，凡事發生必有恩典；喜悅是啟動無限豐盛的密碼，喜悅將會為你帶來更加讓你喜悅的生命品質！

026 多愛自己

常聽有朋友抱怨說：「我現在無論是看書、學習或者是同時做幾份工作等等，好像大部分是做給別人看的，讓別人感到我過得很好，或者很努力。其實我吃了多少苦，過得又如何，只有自己才知道。我不知道這樣做是為了什麼，是讓別人說我這個人行，做事努力、有潛力、會感恩、關係廣，或者是為了讓別人高看自己，是虛榮心作祟嗎？但是我的座右銘是：不用在意別人的看法，做我該做的事啊！有時候我知道這樣很不好，每次都強制自己去改正，但是下次做事又是這種心理。我特別恨自己，我上班都已經十年多了，至今沒有什麼像樣的成績，而且過得大不如前，包括精神上和生活品質上都這樣。老師，請救救我。」

這位朋友，聽了你的敘述，首先我感受到了你是一個很感性的人；其次，你是一個自我要求較高的人；第三，你是很不服輸的人；第四，你是一個可能略有知足但不是很滿足於現狀的人。

人生當中是要不斷地自我超越，你現在還非常年輕。孔老夫子說：「三十而立，四十而不惑，五十而知天命。」「三十而立」代表的是：你有很好的社會價值觀、人生價值觀、對家庭的價值觀，包括對整個宇宙的價值觀。這個過程當中，「而立」代表的是價值觀的確立，這是需要幾年的歷練的。

你想，唐三藏取經尚且要九九八十一難，人做事情又怎能不遇到痛苦和挫折呢？所以，我除了肯定你這樣的幾個特質之外，還想建議你，要學會認真地看待目前所發生的一切，重點是用一個正面的態度去看它。

如果可以選擇的話，你也可以問問自己：你想當天空還是當烏雲？也許你現在的天空是烏雲密布，也許你的天空正在下雨。可是，天空雖然會被烏雲遮住，但是天空還是天空，就如同太陽也會被烏雲遮住，但是太陽還是太陽。

其實，我想跟大家分享的是，生命當中的困境和挑戰會讓你更堅強。只要不被打倒，你會越來越堅強！有困境則證明你還活著！烏雲總會不見的，風雨之後陽光還會出現。

請不要自我否定，說什麼改正缺點、懊惱自己、恨自己、虛榮啦等等。就說虛榮這件事吧，有人說他虛榮，但有人就會說這個人重視榮譽。

同樣的一個詞，不同的人會有不同的說法，別總是給自己貼標籤。如果這樣給自己貼標籤，你肯定覺得，做什麼事情就好像為了做給別人看。其實你又何嘗不是在做給自己看。

你有多愛自己？這裡的愛並不是指買一件禮物給自己，或是去吃頓好的。這裡的「愛自己」是指：你真的相信自己值得過上更豐盛的生活嗎？

由衷的相信，這很重要。所以，如果你想在生命中體驗更多奇蹟的到來，首先要培養自己內在更多的配得感！相信自己值得擁有，不再以受害者的心態去面對這個世界。從今往後，學會不斷地祝福自己；不管發生什麼事情，都給自己更多的鼓勵，即便遭遇到許多的挑戰，即便自己做得還不夠好，也請停止審判自己，學會總結、學會放下，然後再次邁向新的旅程！

就如北宋詞人蘇軾的《水調歌頭》中的經典詞句：「人有悲歡離合，月有陰晴圓缺，此事古難全。」是啊，人固然會有悲歡離合，月亮也有被烏雲遮住的時候；有殘缺的時候，自古以來，這世上就難有十全十美的事，既然如此，我們又何必常常庸人自擾呢？人生是無常的，「無常」代表沒有固定的常態，也代表有無限的可能。人的一輩子，總會苦一陣子，但不會苦一輩子，唯苦過，方知甜。我們唯一能做的就是把握好每一個現在，活在當下。

四川雅安的地震帶給我非常大的觸動，我真的覺得世間之事，除了生死，其他都是小事。我很想跟你們說，好好地愛自己，好好地愛你身邊的人，好好地學會讓自己更平靜的去生活。不論今天發生了什麼樣糟糕的事，都不要為難自己，不要讓自己陷入悲傷之中無法自拔。有些事情是我們無法控制的，所以，學會放下，學會接受，改變我們可以改變的，比如讓自己變得更好，接受那些我們無法改變的。

這世上沒有絕對幸福的人，只有不肯快樂的心。認真工作，好好生活，好好地去愛，好好地傳承。讓我們都以一顆平常心去面對這世上的悲歡離合吧！把自己的生活過得精采，老天自有安排。記得，越努力、越幸運。

027

善待自己

提到「仁慈」這個詞，很多人的第一反應就是：這是一種對待別人的方式。是的，我們常常被告知要仁慈地對待身邊的人，然而西方智者也告訴我們一個很深刻的人生哲學：仁慈，也要這樣善待自己。我把這種對自己的仁慈理解成對自己負起百分百的責任。

全世界最偉大的力量就是原諒，如果任何的感恩沒有以原諒為基礎的話，一切的感恩都只是虛無。想想看，如果你每天口口聲聲地說我是感恩的，但內在卻還是有怨恨，還是有糾結，還是有困頓，我想你的感恩一定會大打折扣。

感恩是感受恩典的能力，我們如何去感覺恩典？首先你必須相信，每一件事情的發生都有它的恩典。所以，仁慈的人在被誤會或被傷害之後，會善待自己。其實原諒別人最根本的好處就在於放過了我們自己，而這種放過，本身就是一種仁慈。

我們常常會因為感覺身邊的人對自己不夠好而難過，或因為別人的一句話無法釋懷，也許說的人早就忘了，我們卻在午夜夢回時不斷地回想，導致自己失眠，進而影響了自己第二天的情緒和工作生活。這樣對待自己，難道不是殘忍的嗎？仁慈的人善待自己，請學會仁慈、學會善待自己吧！

我們都十分清楚，我們的現在是過去所創造的，那我們的未來呢？

是的，是從我們的現在開始創造的。但是如果現在的你每天都沒有進步，沒有任何的成長，那麼所謂的未來，不過是過去的一種延伸而已。所以，請仁慈地對待自己、對待身邊的人，放下包袱，輕裝上陣，學會在與自己獨處的時候，給自己送上肯定與欣賞；學會放下，每當你放下了一件事，就表示這件事情失去了擺布你的能力，你也就獲得了自由，你也就對自己慈悲了。

孟子說：「仁也者，人也，合而言之，道也。」這句話告訴我們，如果一個人沒有仁愛的精神，他是與「道」背道而馳的。所謂仁的意思，就是「人」，把仁與人合起來講，就是道了。

「仁」這個字是「兩個人」的意思，也就是人與人之間的互動必須有仁愛的精神，「仁者無敵」是儒家學說的核心思想，也是我一直非常相信的精神境界。我們要符合「道」，就要先給出你的愛。

因為懂得，所以慈悲。懂得何物？當我們懂得外在的一切都是自己的映射，我們就會以仁愛、平和的態度對待周遭的一切；當我們懂得想要得到愛必須要先給出自己的愛，我們就會更心甘情願地去愛身邊的每一個人、愛自己所做的每一件事。

「道」的本質就是愛，它是取之不盡、用之不竭的，就像永不乾枯的井水。所以我鼓勵正在看這段文字的你成為愛的代言人，與「道」同行，帶上仁愛的心上路；成為一塊愛的磁鐵，能夠吸引更多的愛來到你的身邊。

028

做人四勿

《弟子規》中提到：「勿諂富，勿驕貧，勿厭故，勿喜新。」這段話的精髓是告訴我們，不要討好富人，不要輕看窮人；不要忘記身分普通的朋友，也沒必要去巴結有地位的新相識。

有一部電影叫《王的盛宴》，講的是劉邦的一生。劉邦登基做皇帝之後，他便開始討厭身分普通的老百姓，他用防備心很重的心態，去防所有的人。電影的一開始，劉邦說他一生有兩個最大的敵人：一個是項羽，一個是韓信。他所謂的敵人就是我們今天口中的對手；對手，就是在對面幫助你不斷成長的那隻手。因為他的到來，會讓你不斷地警醒，讓你能夠不斷地發奮圖強。所以，對手的存在是有它的意義跟必要性和價值性的。

然而劉邦登基做皇帝之後，一種更深的貪婪占據了他的心，他忘記了當初想做皇帝的初衷，忘記了韓信和項羽都曾經與自己並肩作戰。當我看到這個電影的時候，有個感悟：天下的故事皆因貪、嗔、癡而起。所以，我們不要有太深的貪念，不要有很深的憤怒跟癡迷的執著。時刻保持一顆警醒和感恩的心，是我們通向幸福之路的關鍵鑰匙。

當看到比自己富有的人，不要去故意討好，表現得不卑不亢，會讓你贏得更多人的尊敬。對於貧寒的人，不要看不起，我常講：「看你如何對待小人物，就知道你是不是個大人物。」最後，結識新朋友，不忘老朋友，不論他的身分是什麼。我們永遠都不知道，我們在今後的日子裡會需要誰的幫助。

生命就是這麼神奇，你付出什麼就會得到什麼。愛是這世界上最偉大的力量，現在開始，付出你的愛，你一定會得到更多的愛。

029

豐盛吸引豐盛

《周易．坤．文言》中提到：「積善之家，必有餘慶；積不善之家，必有餘殃。」這句話一直是我生命當中一個座右銘。它講的是因果，做善的人家一定得善報，而且還必有餘慶，吉利還會有剩餘；做不善的人家，必有惡報，惡報之後還有餘殃，子孫都會遭殃。

其實這句話就是鼓勵每一個人都要能心懷善念，並且付諸行動，多做善事。

我們常說命運，你有沒有想過，如何運好你的命？我認為，關鍵在於我們要有一個積善的行為。存好心，說好話，做好事。

我相信愛是這宇宙間最有力量的，我們今天所擁有的一切，都是源自愛；我也相信，愛是無需創造的，愛只需要去付出，當你願意去付出你的愛，你就能夠體驗到更多的愛。所以，當我們瞭解生命的真諦在於付出，進而懷善心、做善事，相信我們會活得更加有意義。

秉承這句話，我在二〇一二年成立了「智在行慈善基金」，這並不是一個多麼大型的慈善基金，然而，我卻可以很肯定並且很自豪地說，我們的出發點很單純，就是想要去幫助有需要的人，想讓這人間充滿愛，我們想要付出我們的愛，哪怕只有一點點，也希望星星之火可以燎原。在此也向「智在行慈善基金」的所有智工，以及對「智在行」有過幫助的人們，表達我最深的敬意。

然而，我也相信因果，正因為相信，所以我一直想要種善因、得善果。每每我生命中出現了奇蹟般的事情，我知道，這就是「善果」，之後我就會更加用心地去修善心、行善行。這是一個良性循環，不是嗎？

為什麼「越付出就越富有」是個真理呢？我們無法給別人他所沒有的，只要你是付出的，表示你是有的。例如，你會開車才能教別人開車，你會游泳才能教別人游泳。所以，當你相信你就是愛的源頭，你就能夠不斷地付出更多的愛。什麼樣的付出會越付出越不會少呢？就是愛的能量吧！

我非常感動也非常開心地在此宣布，我們會盡全力在一個適當的時機點，新建在四川省雅安市天全縣老場鄉禾林村智在小學，來實現我們越付出越富有的理念。天佑雅安！天佑我們地球上的每一位同胞。

《弟子規》裡面提到一段話，影響我很深，與你共勉。「凡是人，皆須愛；天同覆，地同載。」它告訴我們，人與人之間要和睦相處、互相愛護，因為大家都生活在同一片藍天下、同一塊土地上。

我是從事演說行業的，一個演說家在台上演講的時候，如果他是為了掌聲而活，他就很難把自己的演講內容做更好的分享以及傳承。畢竟：師也，傳道、授業、解惑也。所以，我在跟很多的培訓師以及我們導師班的老師做交流和互動的時候，我總是告訴他們：「你必須有個信念：你愛全人類。」這是一個很重要的概念，為什麼？因為我們是活在同一個地球村裡面的，我們是在一個地球上共同生活的，我們應該有個大愛的精神。就像《弟子規》中所說的：「凡是人，皆須愛。」「天同覆，地同載」告訴我們：「我們在這個宇宙空間裡面，是共同享有這個宇宙空間的。」我們是共同生活在同一片藍天下或同一個土地上面。從某種意義上說，這就是人人平等吧！

在這有一個小故事跟各位分享：孫叔敖是春秋時期楚國的政治家，他小時候，一天在村外玩耍時，突然發現了一條兩頭蛇。孫叔敖很驚慌，因為他聽說兩頭蛇是不祥之物，誰見到它就會死去。孫叔敖剛想躲開，轉念一想：自己看見它就夠倒楣了，要是留著它，別人見了也會倒楣的。於是他就把兩頭蛇砸死深埋了。孫叔敖回到家裡後，哭著把自己的遭遇告訴了母親。母親聽了孫叔敖的話，笑了：「孩子，你死不了，因為在危險時還想著別人的人，是不會輕易死掉的。」

當你在付出愛的時候，這個愛也會回到你的身上。所以，我也常常跟很多人共勉，想要體驗愛的唯一的方法，就是付出。付出你的愛，才能夠得到更多的愛。

起點決定了終點，就如同飛機起飛的方向決定了最終的目的地為何！故匱乏只會招喚更多的匱乏，豐盛則會吸引更多的豐盛！當你相信你的內在是值得被愛以及是無限豐盛的，你將活出無比豐盛的未來！

所以，從現在開始，讓我們都能懷抱一顆感恩的心，去幫助需要幫助的人吧，最小善行勝過最大的善念。善事不分大小，關鍵在於你的起心動念。當我們有一顆願意付出的善心，並且能付諸行動，我相信全宇宙都會給我們最深的祝福。

030

一即一切，一切即一

《指月錄》中有一句話：「一即一切，一切即一。」為什麼呢？假如一個人打電話去某一家企業，因為服務人員接電話的速度過慢，或者服務態度不太好，人家會說這個人不好，還是這個企業不好？我想極有可能會說這家企業不好。

所以，企業的競爭不是人才的競爭，企業的競爭是團隊的競爭。每一個人都是企業的品牌代言人。我們必須懂得，當你想要成為一個更有價值的人，你必須學會像一滴水一樣融進大海，而不能像一根針一樣地融進大海，因為一根針即使融入了大海，針還是針，無法真正做到與海融合。所以，我們必須學會有更好的一體意識。

一次，我跟一群小孩子們聊天，我問他們：「你們身上穿的衣服是從哪兒來的？」他們不假思索地說：「從商店買來的！」我又問：「再想想，你們身上的衣服是從哪來的？它有沒有農夫的心血？有沒有光合作用的心血？」大家開始熱烈討論了。

其中一個孩子說：「這衣服還有醫生的心血。」我問：「為什麼呢？」他說：「因為農夫工作很辛苦，暈倒了，然後醫生把他救活了。」我笑了，我告訴他們，這衣服的形成有很多人的心血，例如設計師、製衣工人，還有你們父母的心血……當孩子們都聽懂了一體意識的時候，也就能夠瞭解這句話：「一即一切，一切即一。」

我相信，真理在心中，奇蹟永不止。用光與愛服務這個世界，帶著更好的覺知，輕裝上陣並過好每一天。你付出什麼，就會得到什麼。《菜根譚》中講到：「風來疏竹，風過而竹不留聲；雁度寒潭，雁去而潭不留影。」這是一個何等美好的人生境界！

各位想像一下，輕風吹過，稀疏的竹林會發出沙沙的聲音，可是當風吹過去之後，整個竹林不會留下任何聲響而仍舊歸於平靜；大雁飛過一個寒潭固然會倒映出雁影，然而，雁飛過後，清澈的水面依舊是一片晶瑩並沒有留下雁影。

這告訴我們要學會四個字，就是「輕裝上陣」。當你一直擔心過去，當你一直緬懷過去，你只不過是把過去召喚到現在。一個真正有為的、想要在人世間創造屬於自己天堂的人，一定要懂得「拿得起，放得下」。所以，生命當中要學會「輕裝上陣」。

嬰兒在學走路的時候，他可能會跌倒，跌倒的時候，他不會在那個地方待很久的。他會如何做呢？他會爬起來，擦一擦眼淚，繼續往前跑或往前走。

然而，卻有很多成年人，當一件事情發生了，他就被卡在某一個情境當中；或有一件事情讓他有挫敗感的時候，他可能會在那種情緒當中待很多年，始終無法釋懷。由此可見，學會「輕裝上陣」，學會像孩子一樣擁有一顆赤子之心，是非常重要的。

從現在開始，試著讓自己像竹林和寒潭一般，當你經歷了、體驗了之後，放下，向前看，讓自己成為一個未來導向的人。其關鍵鑰匙在於，常常問自己：「我如何能把事情做得更好？」而不是：「為什麼會發生這樣的事情？」祝我們都能好好清理，放下之後，輕裝上陣，開啟更美好的明天。

我常講：「你若想活出加倍精采的人生，請你要努力做到選擇性記憶與選擇性失憶。」若你內心常常有糾結式的對話，將會失去成長的力量。因為內亂則外亂，內靜則外靜。所以，輕裝上陣的功夫才是真功夫！故誠摯地邀請您培養一流的失憶功能與記憶功能吧！

031

時刻保持喜樂之心

《聖經》中一句話對我影響很深：「喜樂的心，乃是良藥；憂傷的靈，使骨枯乾。」這一句箴言得到社會歷史、人的親身經歷以及醫學界的驗證。

醫學研究表明，人體的免疫功能跟心理因素密切相關。一個長期心情壓抑或總是有不愉快情緒的人，患各種慢性病的機率要比心情愉悅的人高很多。想要醫治這些病，喜樂的心乃是良藥。現代醫學的實踐證明，並非所有的癌症都是不治之症。我們看到一些乳腺癌、鼻咽癌患者開刀後存活了二十年以上，他們在康復過程中有戰勝病魔的信心，精神愉快，內心喜樂；但也有些人，悲觀、灰心、恐懼、心情壓抑，反而使病情加重，迅速惡化。

所以，我們要時刻保持一顆喜樂的心，甚至不需要任何理由的喜悅。你會不難發現，當你有警覺，時刻保持喜悅之後，你收穫的也會是喜悅，因為情緒是內在世界跟外在世界的橋樑，你給予什麼，就收獲什麼。

現在越來越多的人知道身體健康的重要性，既然喜悅能讓我們更健康，那麼從現在開始，時刻保持喜悅吧！不一定非得照你的意思來做你才喜悅，而是能夠做到，在任何場合、任何事情的發生，你都會回到你的中心點，讓自己的感覺好起來，讓自己的內在喜樂起來。這是我們生命中最美的功課之一。

起心動念決定了故事的結局，服務的真諦在於以真心換用心，以用心換真心！若以利益為第一順位的起心動念，而對方會在其潛意識中評估你的一致性。你的生命與事業若想達到持續豐盛發展之方向，關鍵在於你是否能夠成為五心上將，即成為擁有真心、用心、細心、耐心及智心之人。

032 成為愛的榜樣

試想一下，當你對人懷有一顆嫉妒的心，你會快樂嗎？嫉妒是一種敵視的心理，這種情緒害人害己，是與愛背道而馳的。

當我們看到別人的長處，應該試著去欣賞對方的才能，然後去充實自己的不足。我們要知道，別人有今天這樣的成績，是他努力付出得到的，我們看到的只是鮮花與掌聲，卻沒有看到別人付出的汗水。這世界上每個人都是獨一無二的，我們要相信自己，相信愛。減少嫉妒，停止嫉妒，是一種愛的表現。

如果我們身邊有這樣的人，每天總是在炫耀自己很厲害，我想我們都不會很喜歡他，都不太願意與他共處，對吧？為什麼？因為「木秀於林，風必摧之」。一個人，即便你真的很優秀，也一定要去學習一門功課，就是要學會低調。我們必須學會適應環境，審時度勢，清高自傲的人是不會受到歡迎的。

試想一下，如同前面有一排釘子被釘在木頭上，卻有一顆釘子是高高直立著，此時，你的手邊若有一個錘子，我相信你一定會把它釘下去。所謂「槍打出頭鳥」，不自誇、不張狂，不僅是愛的表現，也是一種人生智慧。

最後，何為「害羞的事」？我想是與一切負能量有關的事，是身心不合一的事。我們常講言行合一，有的人心裡很明白，講起道理也很清楚，只是一落在實際生活中，就與自己的道理背道而馳。然而有些人，每天忙著各種事情，一直在行動，卻從來不去關照自己的內在成長。這兩種人都會在自己不經意間就傷害到了別人。

所以，請永遠記得帶著愛的力量前行，學會成為愛的榜樣，而不是因為一點點的負面情緒，最後卻把自己給淹沒了。記得《聖經》中的這段話：「愛是不嫉妒，愛是不自誇，不張揚，不做害羞的事。」它會給我們愛的力量，也會帶給我們智慧。

033 恆久忍耐有恩慈

《聖經》中有一句話：「愛是恆久忍耐，又有恩慈。」是啊，人與人之間的親密關係，其實是非常考驗耐心的。沒有從來不發火的爸爸媽媽，也沒有永遠溫順聽話的孩子，朋友相處得再好，也不可能什麼事都跟你同心同德。我們明白了這些，就會有更多的耐心去對待別人。耐心是兩個人之間的潤滑劑，在對方急躁的時候，我們肯為對方付出耐心，一定會讓對方的情緒有所好轉。

沒有耐心的人通常會急躁、易怒，情緒無法控制。這樣的人完全沒有安全感，一旦事情的發生沒有按照自己的意願，就馬上看到事情悲觀的一面，放大所有不滿意的地方，直到把自己壓到崩潰。這樣不僅會傷害到自己，也會讓身邊的人不開心，讓彼此的關係充滿了火藥味。

所以，愛的真諦最重要的核心就是恆久忍耐、又有恩慈。愛能夠掩蓋一切的過錯，愛能夠讓你心中的那道光不斷地被彰顯出來。就像〇〇七電影《空降危機》（*Skyfall*）中，兩名特工有一樣的使命，一樣被組織拋棄，最後命運卻大不相同。為什麼？因為他們在對這件事情的回應上有著不同的情緒，一個是帶著愛和深深地理解，一個是帶著恐懼。

心中有愛就會懂得忍耐，○○七經歷被拋棄，卻依然不放棄。他這樣心懷著愛的信念忍耐了若干年，當組織再次需要他的時候，他又回來了。即便他的體力不夠了，即便他的敏銳度不如從前，即便他的槍法、心理素質也許都沒有以前那麼好了，他還是盡全力去彰顯他的愛。

從電影回到生活中。如果夫妻之間沒有一段溫和、理性、舒緩的關係，那麼，孩子成長的家庭環境是很差的，儘管你可以給小孩子買最好的牛奶，唸最好的學校，他也無法學會去當自己情緒的主人，因為沒有人耐心地對待過他，他怎麼會懂得去耐心地對待自己？可見一段和諧的關係對每個人都會是一種滋養。然而和諧的關係從何而來？從我們耐心地對待生活中的每一個人、每一件事中來。

愛與耐心會創造奇蹟，而沒有耐心的滋養，愛或許會轟轟烈烈，卻很難持久，不能得到善終，只會留下傷痕跟惆悵。生活中有多少人的愛情無法通過生活的考驗？

所以，感恩你身邊耐心對你的人，如果你覺得對方不夠耐心，也可以提出來，這樣會讓你們的關係朝著更加健康的方向發展。隨時提醒自己要有耐心對待家人、朋友和伴侶，尤其在他們煩躁、失落或情緒不好的時候，一個耐心和溫柔的陪伴，將會是他們最好的安慰，會帶給他們最大的力量。

034 感受周圍點滴愛

你是否相信，其實每一個人都是好命的人？如果你真的相信，就會有意想不到的福氣來到你的身邊，甚至福氣會跟著你到天涯海角，不管你搬到哪裡，它都會不斷地去敲你家的門。

或許你會問：那如何成為好命的人呢？如何讓自己的命運越來越好呢？或者是能夠運來命存，以及如何讓自己天天都是豐盛、喜悅、智在和圓滿的呢？其關鍵就是，請牢牢記住一句早知道早幸福的人生忠告：「別人對我們的好，並不是理所當然的，這個世界上並沒有誰是欠我們的。」

這句忠告能夠幫助你穿越重重的迷霧，甚至更容易讓你放下驕傲的心，進而能夠做到從感恩出發、從謙卑做起。這就如同我常講的：「如何對待小人物，就知道你是不是個大人物。」周圍點滴的愛，有可能是一個服務生所給你的，或者是員工對你的肯定或讚美，或者是顧客對你表示的感謝之情。

其實，當你越能感受到周圍點點滴滴的愛，並深刻發自內心覺得，這個世界上並沒有誰是欠我的，別人對我的好，並不是理所當然的。我相信，你心中的幸福感就能夠不斷地油然而生。

我常講：「人在做，天在看，舉頭三尺有神明。善有善報，惡有惡報，不是不報，時候未到。」所以，培養自己的好命品質才是當務之急。也就是說，多發善心，多用真善美的眼睛去發現這世界點點滴滴的愛。如此一來，我們就會很有福氣地成就我們在此生此世的好命。

就讓我們成為「好命達人」！去感受周圍點滴的愛吧！

035 對周遭表達祝福

《荀子．榮辱篇》中講到：「怨人者窮。」請牢牢記住一句話：「抱怨是送給自己最糟糕的禮物。」如果你認為抱怨可以解決問題的話，那就去抱怨吧！然而，抱怨通常無法解決任何問題，反而會讓你掉入一個負面循環。

我非常相信一個人生的真理：當你不斷地抱怨，當你不斷地去指責別人，當你一根手指指向別人的時候，有三根手指是指向你自己的。當你掉入一個負面循環，那就是全世界最糟糕的一件事情，所以人生最美的禮物之一，就是讓自己進入一個生生不息的正向循環。

喜歡抱怨的人，是貧窮的。當你的內在很富有的時候，你的外在一定會更富有。所以，若我們想要自己的外在有所改變，先要從我們內在世界的改變開始。我們要學會看到事情的另外一面，也就是一體多面的角度。各位想像一下，一個蘋果放在圓桌上，有十位畫家在畫這個蘋果，畫完之後，每個蘋果的感覺會是一樣嗎？當然不會。因為，每一個畫家所站的角度不同。

一件事情的發生，意味著有不同的角度，我們應該學會去看到有助於我們的角度，這樣能夠幫助我們的生命做更好的轉型、更好的成長以及更好的蛻變，全世界最偉大的奇蹟就是轉念。

「念」字怎麼寫？一個「今」加一個「心」，意味著當你學會改變看事情的角度，去調整你內在的意念的時候，心情就會跟著改變。別忘了，情緒是內在世界與外在世界溝通很重要的橋樑。當你今天情緒很ＯＫ的時候，好像所有的事情都格外順利，兵來將擋，水來土掩；然而，當你情緒不好，或是心懷抱怨、滿腹牢騷的時候，好像什麼事情都不是很順利，即便下起毛毛雨，你都會覺得老天爺不公平。

所以，從現在開始，請停止抱怨，對周遭的一切事物去表達祝福和讚美吧！這樣會使你處在愛的最高頻率上，這樣你就在給予愛。當你發出那個美好的頻率，相信我，它會以百倍來回報你。

036 有足夠的渴望度

在古希臘有一個偉大的思想家——柏拉圖，他有很多學生跟著他學習參悟人生真理的修行。然而，有一次有一個學生來找他說：「老師，在我的生命當中遇到了很多的挑戰與挫折，我幾乎快絕望了，請幫我指點一條康莊大道好嗎？」

柏拉圖說：「好吧，那就跟隨我來吧！」老師帶他去看了一個地方，學生到了那個地方之後，有點疑惑地說：「老師，這是一個水缸！這個水缸跟我在生命中需要解決的挑戰有什麼關聯性呢？」

老師說：「既然你是要來找我解決問題的，請你先相信我。我希望你做一件事，你可以聽話照做一下吧？」學生就說：「好的老師，我知道了。」「請你仔細地看一下水缸。」老師說。

學生將頭伸到水缸口，此時老師將學生的頭往下一按，讓他整個頭都在水裡面。經過了一小段時間，學生幾乎快呼吸不過來，但是又掙脫不開，直到快要憋死掉的時候，學生奮力一掙，終於掙脫開了。他有點憤怒地問：「老師，如果您不想幫我解決問題，也不用謀財害命吧？」

老師淡淡地說了一句話，這句話是值得你我深思的。老師說：「你想解決問題的那顆心有沒有像對空氣般這麼渴望？」

如果你有足夠的渴望度，如果你有夠深的渴望度，如果你有夠大的渴望度，如果你有非做不可的理由，如果你有強烈的決心……我相信沒有到不了的路，沒有做不到的事。

所以，好好地生活、好好地學習、好好地去愛！然後不斷地去穿越更多的挑戰，在能夠逆光飛翔的同時，培養自己在每一個「關鍵戰役」中擁有足夠的渴望度以及強大的決心。如此一來，相信你能夠彰顯出自己生命當中那一道妙不可言的光與愛。

037 從感恩謙卑做起

《聖經・箴言》中有一句話，不論現在你是在高山還是在低谷，是在成功的巔峰還是在失敗的深淵，都應該要好好記住這句話：「驕傲來，羞恥也來，謙遜的人卻有智慧。」

有一部電影叫《大藝術家》，讓我印象非常深刻，它被美國《時代週刊》譽為跟《魔戒》、《阿凡達》齊名的三大電影之一。整部電影沒有聲音，用默片的方式完成。講的是在好萊塢的時代，一位非常帥氣的默片演員，事業非常成功，住豪宅，開名車。有一天他的老闆跟他講，未來電影的趨勢是要向有聲電影發展。他卻很不以為然地說：「觀眾買票不是來聽我的聲音的，而是來看我的！」說完掉頭就走了。從此他的事業開始走下坡路，後來甚至舉槍想要自殺。最終使他的生命發生轉變的，就是因為他放下了那份驕傲。

當我們有驕傲的心的時候，就應了那句話，你曾經有的一切都會被奪走。因為當你驕傲的時候，你會看不清楚自己，也看不清楚身邊的情況。畢竟我們不可能用一個小小的燭火去照亮整個宇宙的空間，所以，當你用自己那種自以為是的驕傲來對待周遭的事情，等於你在用自己的力氣來跟整個環境對抗。你忘了自己成功的背後是有很多人在支持你的。

所以，希望朋友們都能夠帶著一顆謙卑、感恩的心上路，真心付出愛。相信我，你一定會收穫更多，並且能夠讓自己的生命進入一個善循環。請帶上你快樂的心情，帶上正能量前進，當你能夠做到的時候，你的生命一定能夠持續的成功。

今早當你醒來時，有沒有看見陽光？有沒有聞到空氣的味道？如果有，你就是幸運的。有時，我們無法領悟到自己有多麼幸運，原因是：我們沒有專注在自己已經擁有的事物上。

大家有沒有想過一個問題？其實，每一個人來到我們生命當中，都有一定原因的。有人讓我們溫暖幸福，使我們學會如何更好地去愛，並變得更有力量；有人讓我們難過流淚，卻使得我們成長。所以，請帶著感謝、感恩、感激去面對生命中的每一個人吧！

用這樣的心境去面對一切，會讓我們發現，其實每一個人都會帶給我們禮物，讓我們有更好的穿越，可能是在親密關係上，可能是在金錢關係上，可能是在職業生涯上……所以，從現在開始，讓我們都帶著感恩出發吧！感恩會改變我們的震動頻率與能量，當我們全心的感謝，我們就會立刻感到平靜，並且變成一塊吸引美好事物的磁鐵。

放下我們心中的自以為是，在與人相處的過程中，從謙卑出發，這樣會幫助我們與身邊的人有更好的理解和溝通。就像戴邁樂（Anthony De Mello）所說的：「當你變得更有意識也更有覺察力，你就會更加智慧，這才是你們所說的真實的自我成長。知道你的傲慢，它就會被釋放掉，並因而產生謙卑……」人是有情緒的動物，人與人之間的衝突，往往是情緒的衝突，只有從謙卑出發才能將其化解，謙卑是人們交流中的潤滑劑。

所以，就讓我們發自內心地，對每一個來到我們生命中的人，都表示由衷的尊重。從感恩出發，從謙卑做起，相信我們的生命會有不一樣的體驗。凡事從感恩出發，從謙卑做起，帶著一顆感恩的心輕裝上陣吧！

038

慈悲待人，智慧做事

一切的付出其實都是付給自己。例如，我們對別人生氣，其實是在對自己生氣，因為身體先做了一些不和諧的破壞。一個人為什麼會生病，甚至癌細胞不斷擴張，或者是狀況很多，其實都是因為情緒。可見情緒是很大的殺手！

只要我們學會簡單的事情都能夠快樂，只要學會簡單的事情都能夠感恩，只要學會你跟我是不分彼此的。

對別人好就是對自己好，對任何人好就是對自己好，可見用慈悲關懷人是很重要的。

這段時間我輔導了很多的客戶，我跟這些人互動，是帶了一個很重要的心情：多聽，少說，然後去聽他們的人生閱歷。這對我也是一個很好的學習。你把每一個人當作是一本書，一個寶藏，你可以學到很多的東西。

孔老夫子說過：「見賢思齊，見不賢而內自省。」也就是說，看到比你賢慧的、賢能的，你就思考之後跟他看齊。見不賢，看到這個人可能有點狀況，或者是他有些情況，你就先自我反省一下，有沒有犯類似的錯。

研究心理學、研究NLP的時候就會發現，我們要學會當一個抽離者，該抽離的時候就抽離。

我非常喜歡這種境界：我們要有一顆慈悲的心，看任何事情、任何事物，或是任何人，都用慈悲的心。人生要的不是加法，而是減法，很小的事情都能夠快樂。我覺得那是很美的！

我想提到另一個重點：用智慧處理事。智慧是什麼？有這樣一句話：「聰明是一種反應，智慧是一種選擇。」所以我們要學會有效地去反應。智慧是需要知識的累積、經驗的累積的。我們要學會不斷地跟很多人學習，用智慧處理事情。

人生到最後比的是什麼？兩個字——境界。誰的境界高，看誰的境界還可以更高。在這個過程中，智慧的境界是需要不斷地拔高的。

總的來說，做人重要還是做事重要呢？答案是一樣重要。那如何做得更好呢？就是用慈悲對待任何人，用智慧處理任何事。

039
忘記付出，記得擁有

很多人常常不快樂的原因之一，就是因為：付出了，然後一直記得所付出的，卻忘了用心算已經獲得的。這是一個很簡單的道理，但是很多人卻忽略了。

我非常相信成功和卓越是不一樣的。成功的人總是去想：我應該得到更多，想得到更多。但是卓越的人不一樣，卓越的人會想：我如何付出更多。付出的時候請你忘了它，然後只記得你已經擁有的。例如，別人給我鼓勵，我就記得這件事情；或者是誰對我好，我能夠記得。這是很重要的。

就像我之前幫過餐飲行業的一個非常好的朋友，做他們的顧問，所有的人都來到現場。這個過程中我就很感動，包括主管對我的肯定，包括大家對我的掌聲，甚至講完沒多久，很多人就拿了相機在拍照，讓我有種當明星的感覺。

我所付出的，其實都應該把它忘了；當我得到這些的時候，我就快樂了。不是說我多付出了什麼，而是在我生命旅程當中，慢慢學會盡量忘記我所付出的，盡量去記住別人對我的好。哪怕是一個微笑、一個肯定、一個握手、一個擁抱，甚至一條短信、一束花。像我在深圳、北京等地方，很多人送我花、蛋糕，讓我覺得很感動。

我想表達的概念是：多去數你擁有的、獲得的，才會真正快樂。當你越快樂的時候，你就會越健康。你越健康的時候，你做任何事情的運氣就越好，很多好事就會不斷發生在你身上。

040

公正與公平的差別

《論語》中有這樣一段話：「子曰：君子懷德，小人懷土；君子懷刑，小人懷惠。」這段文字提到了君子與小人這兩種不同類型的人格形態。孔子認為，君子注重道德規範，他們胸懷遠大，視野開闊，考慮的是國家和社會的事情；而小人則只思戀自己的鄉土，注重小恩小惠，考慮的只有個人和家庭的生計。這是君子與小人之間的區別之一。

我覺得，這段話中的「小人」，並沒有貶義，它只是對於君子而言的另一部分人群。我常講，公平與公正的不同之處就在於，公正更以大局為重。所以，君子在思考的時候，總是想著在符合法制的前提下，如何把事情做得更圓滿，他們重視禮節與道德規範。

然而很多人卻看到的是：你能不能對我好一點？我能不能多得到一點小恩小惠？句子中的「鄉土」就是有區域性的想法，有所謂的分別心，總是從自己的角度來看問題，看到的都是自己的利益多一點。所以，君子看到的是公正，大局為重，而另一部分人注重的公平，則是比較個人角度的。

我們現在越來越需要去尊重社會道德，尊重這個社會的制度，就像我們每個人走過馬路，等待紅燈，不要隨地扔垃圾，這些看起來都會給我們的生活多多少少帶來一點限制；但就是在這樣一種尊重制約的前提下，才可以形成一種社會默契。尊重他人，保障自己的安全，這便是君子所為。

我想，如果我們每個人都能夠心懷大愛，心懷公正，做到尊重社會道德，我相信我們生活的環境會更好，好的環境會讓每一個人有更好的心境去做事情。如果每一個人都能夠尊重法律、尊重社會制度，我相信這世界真的會更美好。

041

愛是源頭，愛是答案

我始終相信，愛是過去、現在及未來的解答。愛是全世界最偉大的技巧，也是全世界最偉大的力量。

因為這世界有愛，嬰兒才敢誕生在這個世界上。試想一下，嬰兒不用說話，就會有人把他照顧好，這個背後就是因為愛！不是嗎？因為廚師有愛，我們可以享受到美味的佳餚；因為廠商有愛，我們可以享受到可靠、有信用的產品；因為長輩和覺者有愛，我們可以得到很多長輩的支持、很多覺者的指點；因為員工和老闆有愛，我們就可以得到員工的支持或老闆的肯定，以及外面更多人的欣賞與合作。所以，愛是無處不在的，愛是永無止息的。

當然，若一個人心中有恨，恨的背後也是源於愛，也許是因為他沒有得到他所想要的愛；兩個吵架的戀人，背後也是因為愛，有可能是因為愛的深，所以情到深處總是傷；有可能是因為沒有得到平等或對等或互相尊重的愛而吵架。

所以，一切都是為了愛！現在邀請你，沿著這個主軸線去思考：其實這世界上的萬人、萬事和萬物都是源之於愛。不論是正向的表現有多誇大，或負向的表現有多極端，背後都是因為愛。

因此，我們要學會如何去愛；明白什麼樣的品質才能夠讓我們在這個世界上得到更多的支持。甚至不是為了得到更多支援，而是能夠成為愛的源頭，能夠因為你的存在就足以撫慰或療癒周圍一切的人、事、物。

我們要努力做到的，就是那份絕對的愛，而不是相對的愛。因為相對的愛是有計較的、是有對比的，是會受傷的。然而，絕對的愛是直接的、無私的，也是純粹的。

現在就請你好好散發屬於你的愛的光芒，好嗎？

042

因為寬心，所以安心

正因為人生不如意的事十有八九，所以我常提到：「順境看風景，逆境看功力。」人總是會遇到讓自己不開心的事情，這並不是消極的說法，而這就是宇宙的真理。你千萬不要告訴我說，你只想遇到被支援、被愛，同時又不想得到任何的挑戰。

因為宇宙需要講究平衡，所以，愛與挑戰是並存的，順境與逆境也是並存的。我們如何能夠走出陰霾、穿越恐懼，並活出智在的狀態呢？

首先，我們先要學會寬心的藝術，當你能夠真正放寬心，意味著你能夠帶著覺知去體驗生活、感知生活，同時你也會深刻地知道酸甜苦辣鹹，樣樣不同的味道都需要具備，才能夠真正算一個完整的生命。

那麼，我們如何安心，讓心能夠安在呢？首先，你是否能夠讓自己深刻覺知到，這一切的一切都只是體驗，既然是體驗，就要學會放輕鬆。然而，當體驗過之後，學會做總結，是非常、非常重要的！

「心如天地寬」就是告訴我們，生命當中總有不完美的地方，這就意味著，我們要用更坦然、更隨順的境界去包容萬物。因為只有包容更多的萬物進來，才能夠體驗更多；唯有體驗，才能夠讓我們的生命更加的完整。

體驗過之後就放下；體驗過之後，就好好做總結；體驗過之後，就讓我們學會一個功課或收穫到一個禮物。所以，心越寬，就會越安心！

043 因為懂得，所以慈悲

我始終相信，人生就像迴力棒的遊戲一樣，你付出什麼，就會回來什麼。就像當你擲出迴力棒的時候，迴力棒會找回到你的身上。

生命是何等的奇妙，你所遇到的一切人、事、物，其實都跟你的內在有關，都是你的內在所投射出來的。因為物以類聚，人以群分。就像《論語》中提到的：「老吾老以及人之老，幼吾幼以及人之幼。」其實告訴我們的就是：當你懂得「你所捨就是你所得、你所得就是你所捨」的時候，我們就會善待生命的每一個人，不管是長輩，還是孩子。

我們要盡全力做到，如同《聖經》上所說的「愛人如己」。就如同我的好朋友張德芬老師所說過的一句經典語錄：「親愛的，外面沒有別人。」這意味著，一切都是你的內在所折射出來的。

其實祝福別人，就是祝福自己；責怪別人，就是責怪自己。當你沿著這條真理的線索去深思的時候，不難發現，你就是一切的根源。當你深刻懂得以上這樣可以幫助你解脫的觀點時，你的生命就會更加輕易的做到，以慈悲為懷，以善念為懷，以隨順為懷；進而更容易做到知福、惜福、運福的美妙境界。

044

穿越傷痕再現

曾經一個朋友失戀了，非常難過，他跟我說：「我對這段感情一直無法釋懷，因為我對他投入了很多真情，他的身影一直在我的腦海裡揮之不去。因為心裡全是他，所以生活飽受他的影響，我時常陷入魂不守舍的慘態，精神萎靡消沉，不思茶飯，多夢常醒。我知道我們不能走在一起，今年六月底大學畢業，我們將各奔東西，可是對於他的情感與思念卻愈發的強烈，我疲憊的身心真的載不動了，我想早些結束這夢魘般的生活，我該怎麼辦？」

我覺得首先應該清楚的一個問題是，你們為什麼就不能在一起呢？如果是因為倫理道德上的原因，我勸你趁早遠離。然而，你一直在描述自己的感覺，思考一下，你究竟是愛他，還是愛上了你愛上他的感覺？就好比有些人喜歡打電動，其實他不是真的喜歡那個遊戲，而是喜歡過關的感覺。所以有些時候，有些事情放不下，不是因為還喜歡，而是因為不甘心放下那個事情帶給我們某種程度的感覺衝擊。其實感情不能只是單方面的付出，相愛是很重要的，如果只有單方面的付出，這叫戀，不叫愛。

其實生活中還有很多值得我們去付出的人和事，我們要想走出陰霾，就要學會將焦點轉化，不要一直顧影自憐地躲在悲傷的氛圍中，學會給自己一個期限，然後從調整自己的狀態開始。舉個例子，當一個女孩子很傷心的哭泣，一定會有一些固定的動作，也許是抱著頭，也許是蹲在一邊，此時如果她可以站起來，去吹吹風，或是看一部喜劇片，可能心情就會改變了。

所以，我的建議是，當你有一些不良的情緒，要學會給自己喊停，做做深呼吸，找些其他的事情去做，讓自己學會愛過之後就放下。只有在放下之後，才會讓我們成長。

一段感情留給我們最好的禮物就是更好地認識自己，能夠更清晰自己身上的不足，同時更清晰自己想要的究竟是什麼。所以，列出你理想伴侶的條件，然後認真去生活，讓自己變得更好，並真心相信自己一定會幸福，我相信你一定會幸福。

被一顆石頭絆倒並不可恥；可恥的是被同一顆石頭絆倒N次！所以，高階修行者會細心覺知，有哪些傷痕是重複出現的，用心找出根源並進行療癒，而且用勇氣與慧心去穿越傷痕並拿回力量！義無反顧地去穿越早該穿越的；信心滿滿地去收穫早該收穫的！

我始終相信一句話：「如果一個人某一個功課沒有修過，他會陷入某種程度的輪迴。」這裡的輪迴並不是講生死輪迴，而是講在某一個功課上卡住了，它會不斷地、不斷地重複出現，也許會換不同的形式，但其背後的傷疤是一模一樣的。

例如，有一個人在「錢」關沒有修過，他會不斷地在財務上遇到諸多的問題，就如同有一個詞叫「月光族」，而成為月光族的人並不代表他的收入不夠高，而是他可能有一個傷痕，認為錢再賺就有了，所以，就不斷地重複出現如此的窘境。如果你能夠理解「會賺錢跟有錢是兩件事」的話，或許這個錢關就更容易過了。

再者，生命當中，如果有些人、事、物重複的出現，可能我們要修的功課就在於：去做更好的覺知，同時去做更好的處理，進而去穿越它，取回您的力量。所以，我也邀請你，做更好的留心、做更好的覺知，做更好的判斷。看看自己目前正處於哪個階段？此階段的你是否有一些傷痕再現的事件重複出現呢？所以，如果我們能有更好的覺知時，我們的生命或許就能夠更好地輕裝上陣了！

045 幫助值得幫助的

這個世界上需要幫助的人太多了！然而，每人或多或少都有需要幫助的地方，因為我們是互助型的社會。再者，何為值得幫助跟需要幫助的？其中的差別在於：值得幫助的人，他是願意當責的，就是當仁不讓、責無旁貸地為自己的生命負起責任。他有成長的意願，同時願意相信給予自己幫助的人；甚至是一種全然的相信，而不是帶著小我的意識去批判。

有些人很有趣，明明自己很需要別人的幫助，卻不願意承認，甚至自己都不知道他是需要幫助的，無謂的自尊使他習慣用逃避來解決問題。也許有一天，無數的傷痕再現，才讓他懂得感恩，才知道，原來不是換個單位、換種環境、換個伴侶，就可以解決問題，就能夠不負我生、不負我心。而是，如何真正的做到自我負責，懂得外在環境只是折射我們自己內在的心境而已。

或許，一定要經歷很多困難才明白的道理，顯得彌足珍貴，但是若能早點敞開自己的心，讓自己少走點彎路，積累更好的成長，不是更好嗎？

所以，請成為值得幫助的人，學會不給自己找華麗的藉口，學會不要在感性的衝動之後，去找一堆華美的、理性的信念來支持自己，因為這有可能是自欺欺人的開始。

能夠真正地穿越軟弱，取回力量，不是一定要不斷地改變環境，畢竟真正的解脫不是來自外在環境的改變，而是你的內在真的長大了，這裡指的是靈魂的成長。

再次溫馨地提示：好好地讓自己的靈魂更成熟一些吧！成為一個值得幫助的人，同時也去幫助更多值得幫助的人！因為，這個社會的光需要互相幫助，才能更好的發光發熱，就如同電池串聯而非並聯，才能夠讓電力更大化，不是嗎？

046

低谷感恩，高峰謙卑

人的一生難免會遇到高峰跟低谷，就如同海水有潮起潮落一樣。然而，面對不同的風景，我們應該如何調整自己內在的狀態呢？

在低谷的時候，我們最需要做到的就是感恩。因為如果不感恩，而是用抱怨、恐懼、擔心的心態，來回應外在的人、事、物，那麼，你就會持續待在低谷裡，長期見不到陽光。

為什麼走出低谷最快的方法就是感恩呢？因為人會陷入低谷，一定是上天要我們學會一個功課，而不是上天對我們不公平。然而，人之所以會陷入低谷，一定是有些地方需要做調整，或許是他的信念系統需要升級了。

所以，當我們遇到低谷窘境的時候，也就意味著，這是我們要收穫更大禮物的開始！那豈有不感恩之理呢？只有感恩，我們才能夠收穫更多的禮物；只有感恩，我們才能夠衝出亞馬遜並走出低谷，甚至能夠翱翔在天空當中。

然而，在高峰的時候，我們要懷著一顆謙遜的心、謙卑的心。因為高峰之所以會來到我們的身邊，讓我們能夠站在高峰去看到更美的景色，是因為有眾人的成就，也就是因為我們有了眾人的支持，才能夠去成就我們自己的另外一片天！

所以，當在高峰的時候，不要覺得理所當然，要學會更謙卑地去回應所有的人、事、物。如此一來，不管在任何的情境當中，我們一切皆自在。

047

力量在乎平靜安穩

《以賽亞書》中有一句話，這句話對我以及對我這十幾年的培訓生涯影響頗深——「得著力量，在乎平靜安穩」。我在台灣陪家人去看過一部電影叫做《寒戰》，我聽說這部電影被譽為二〇一二年表現最好的華語片之一。

郭富城作為電影中的男主角，他的表演給我留下了很深的印象。對於他，我有一個很深的感悟：我覺得這些年來郭富城內在的平靜度提升了。曾幾何時，他是香港藝人中收入最高的；然而幾年之後，他跌入了他生命與事業的一個谷底。在這期間，他也曾經迷失過，拍了一些可能不太符合他定位的電影。但我通過《寒戰》這部戲，彷彿看到了他那顆平靜的心。

就像以前的一部電影《功夫熊貓》中提到的，功夫的最高境界就是靜下心來。如果一個人心不靜，他所學的專業如何有更好的發揮呢？美國演說家協會指出，人類最恐懼的事情有兩件：第一件事就是死亡；第二件事比死亡更恐懼、更可怕，就是上台講話。

一個企業的總經理可能很會跟員工溝通，但是當他一上台的時候，他可能就會很緊張。所以，我常常在想，怎樣才能把上台講話這件事情做得更好呢？經過這些年的經驗積累，我發覺其實還是回到一個根本點，就是調整我們的狀態。當你的狀態好了，才能夠去引領別人的狀態。然而，如何擁有更好的狀態呢？前提就是要學會去尋求我們心底的那份平靜。

平靜從何處尋？我們總是期待問題能夠自然消失，也總是希望每件事都能有所改變，但是，一旦發現自己並不能根據自己的幻想來塑造外在的話，我們又陷入了掙扎之中。在這種情緒之下，往往使我們無法很好的思考，所表現出的形式也各不相同，有人開始抱怨、有人以酒消愁甚至歇斯底里……然而，以上這些並不會幫到我們，我們唯一能夠做的就是保持喜悅的狀態。如果做不到保持喜悅，那就保持平靜吧！

如果人們都不再將自己視為受害者，停止怪罪他人，不再認為，唯有自己最瞭解什麼才是對自己最好的，或者堅持自己永遠是對的，我想平靜自然會出現，你也會明白，自己正在追尋的平靜，都是從自己開始的。

從現在開始，懷抱著一顆感恩的心，努力尋求心中的那份平靜吧！平靜的活在每一個當下，我相信幸福一定就在不遠處，人生的盡頭一定會有禮物，就看你配不配得到。

048

存好心，說好話，做好事

存好心，說好話，做好事。你好，我好，世界好。相信我們都聽過一段話：「善有善報，惡有惡報；不是不報，時候未到。」其實，我很想把最後這句話稍微修改一下：「不是不報，時候已到。」也就是現世報，因為你付出什麼，你就得到什麼。當你對別人好的時候，其實就是對自己好；當你對別人不好的時候，其實就是對自己不好。

有句話略微粗糙，但是道理並不粗糙。就是「出來混，總是要還的」！然而，「可憐之人必有可恨之處，可恨之人也必有可憐之處」！如何能夠讓我們的生命更平順的前進，而不是苦難不斷、災難不斷？（當然，適當的苦難與災難是會讓我們有更好的成長的。）關鍵是我們要學會：存好心，說好話，做好事。

然而，要做好事並不難，難的是一輩子都做好事。其實，做好事就是為自己及後代的子孫積福德、種福田。誠如《六祖壇經》所說：「一切福田不離方寸。」我們要學會保守我們自己的心，存好心，說好話，做好事。如此一來，我們就能夠打破遇人不淑的迷咒；如此一來，我們周圍氣場越來越乾淨的時候，就能夠遇見更多豐盛的人、事、物。

當你能夠學會不斷地關注別人的需求，並能夠超越別人的期望，進而做到「你好、我好、世界會更好」這樣一個思維與付出貢獻時，你會突然發現，你所見的都是豐盛的奇蹟，你所遇到的人、事、物，都會帶給你更多愛的力量！

相信你已經越來越瞭解，外在的一切都跟你的內在有關。當你的內在能夠有這樣一個信念，外在有這樣的行為的時候，我們就能夠擁抱更多的禮物、體驗更多的豐盛。

再次地強調：你好，我好，世界好。存好心，說好話，做好事。這是在這個大覺醒時代當中一定要有的行為表現。

049

全宇宙都會幫你

現在與您分享《孟子．公孫丑下》中的一句話：「得道多助，失道寡助。」這句話中的「道」代表「道義」，我對這個「道」有一些不一樣的理解，我認為這個「道」也可以稱之為「道路」。

試想一下，交通發達的地方，那裡的經濟一定是繁榮的。如果想讓自己的生命更加精采，我們應該去修建屬於自己的道路。在修建的過程中，我會秉著一個原則：與道同行。

如何與道同行呢？我認為最重要的是：要很有覺知地，不斷問自己是不是對的。因為「物以類聚，人以群分」，只有把自己變成對的，才能吸引更多對的人。

這時候，問題來了。有人會問，究竟何為對錯？是啊，或許我們每個人做出的任何決定都有他的道理，也沒有絕對的對與錯，但是，愛是這宇宙間最偉大的力量。所以當你付出的一切都是帶著恐懼的，都是以擔心害怕失去為前提的，最終你所得到的都會失去；或者說，最終你也不會快樂，因為你沒有獲得心靈上的自由。

「即使過了這麼長時間，太陽也從未對大地說：『你欠我一份恩情。』看哪！帶著如此偉大的愛，它照亮了整片天空。」

——波斯詩人哈菲茲（一三一五～一三九〇）

當你帶著愛出發，當你是真心的為別人著想，當你懂得付出之後就放下的道理的時候，我相信會有更多的人在你身邊，你也將得到他們更多的支持與幫助。這個時候，你生命的道路也就建造好了。

有員工以及學友曾問過我這樣一個問題：「老師，你的最終目標是什麼？」我說：「我的目標有很多，但其中之一就是幫助你們實現你們所想要的目標。因為我很清楚，只要你們的目標得以實現，我的目標也會實現。」

我在修建屬於我生命的康莊大道，我希望正在閱讀這段文字的你也能夠用真心去建造屬於你美麗人生的道路。我常講一句話：「當你真心圓夢的時候，全宇宙都會來幫你。」當你真心為別人著想，當你所做的事情是符合大道的，當你懂得去正確使用你的生命，相信你一定會活出孟子所說的境界，記得：「得道多助，失道寡助。」

第三輯

火主禮：豐盛源頭

一旦你定義自己是個有高度的拯救者，那麼你身邊就會有受害者出現。如此一來，就會大大影響學習效果和生命品質！如果我們想遇見更多精采，就請明確學習目的，即為了讓自己更好。請深悟一個真理：自己對了，這世界就對了！

050 每天都要蓄積能量

孔子說：「不患無位，患所以立；不患莫己知，求為可知也。」意思是：「不要擔心自己沒有職位，應擔憂的是自己沒有勝任職位的才能；不要擔心沒有人知道自己，只求能有使別人知道自己的學問。」出自《論語．里仁篇》。

一個人在職場中想要有更好的發展，永遠不要去擔心老闆為什麼沒有給自己更好的職位。我們需要把焦點放在如何學到可以安身立命的真才實學，如何才能讓自己的價值有更好的體現。

錢是價值的交換，今天你能得到多少報酬，全看你能夠為這個公司、為這個社會帶來多少財富。試想一下，如果你是老闆，你想招聘什麼樣的員工呢？一定是你付出薪水，他能夠給你翻倍的收益。基於這樣的前提，我們要做的就是讓自己成為被人需要的人，可以為企業和社會創造更多價值的人。

換言之，如果我們有真才實學，就一定會有屬於自己的一片天空。所以，不要擔心和害怕，不要總是在心裡嘀咕說：我付出的一切到底有沒有人看到？我如何才能讓更多的人知道我？而是要常常思考，自己到底有沒有值得別人尊重的地方。

想要贏得別人的尊重，首先要有讓別人信服自己的實力，所謂「養兵千日，用兵一時」，我們每天都在蓄積自己的能量，假以時日，相信有朝一日，我們一定可以創造更多的價值，一定會贏得更多人的尊敬。所以，常常問自己：今天的我有沒有進步？我的價值有沒有得到更好的提升？要相信自己一定會得到更多的肯定。

051 掌握管理的火候

「治大國如烹小鮮」，原文為「治大國，若烹小鮮」，出自《道德經》第六十章。懂得烹飪的人都知道，烹飪技術中最重要的就是掌握火候，而「小鮮」又是各種烹飪材料中最為嬌嫩的，更要細心對待。所以，治理大國的最高境界，就是小心翼翼地去掌握火候。那麼，如何去掌握火候呢？

在《孫子兵法》裡面提到，有五件事決定了一個企業乃至一個國家的發展——道、天、地、將、法。在今天，我們應該怎麼樣去理解呢？

首先，「道」即民心，孫子認為「上下同欲者勝」，強調處理好內政，確定法制，樹立良好的企業文化，以及帶有本企業特色的價值觀，是非常重要的。一個企業能夠走得更高更遠，最終靠的是自己的企業文化。

其次是「天」，即天時，我們想要成功，就要遵循這宇宙的規律，善於及時地調整企業發展的戰略和思路。對於「天」，我還有一層理解，就是世界格局。隨著網際網路的發達，我們進入「地球村」時代，微信超過兩億人在使用，這些高科技拉近了地球上人與人之間的距離。在這樣一個高速發展的時代，如果你能夠對世界的局勢有敏銳的把握，利用局勢更好地去成就自己的事業，一定會起到事半功倍的效果。

接下來是「地」，即地利，由地勢、交通、資源以及人文特色等方面構成。一個好的商業地點有助於企業的發展，比如中國第一家麥當勞開在北京王府井大街的入口處。對於人文特色，也是很關鍵的要素。古人說：「一方水土養一方人。」當你跟不同地域的人進行互動的時候，你需要瞭解地域的文化，然後因地制宜地做出調整。

「將」就是指將領的人格特質，在《孫子兵法》中提到將領的五德：智、信、仁、勇、嚴。也就是說，領導者必須有智慧，講究誠信，有仁愛之心，有膽識和勇氣，最後擁有嚴正的管理模式。

最後就是「法」，法即管理制度、管理模式。又回到最初所講的「治大國如烹小鮮」，這是老子《道德經》留給我們的一種管理模式。如果前四項都在為烹飪準備原材料的話，管理制度一定是負責掌握火候的。

若一個團隊有了良好的企業文化，然後敏銳地對身處的格局有所洞察，瞭解不同合作夥伴的地域差異，加上一位有智慧的領導者，配合這種「無為而治」的管理模式，我相信我們的團隊都將有更好的發展。

052

糾結是看得不夠遠

《禮記》說：「凡事預則立，不預則廢。」這告訴我們，做任何事情都要學會做準備。事前的準備是非常、非常重要的。

我有一個工作哲學在此與各位分享：「準備工作就是在工作。」我們可以想像一下，假如一個人去參加砍樹的比賽，在砍樹比賽的過程當中，他為了得到第一名，一直拼命地努力，用盡全力去做，連中午都不休息，甚至不去喝一口水。結果，他得到的名次如何呢？他最終也沒有如願得到好的名次，因為他在比賽前忘了磨刀，他忘了累了應該先休息一下，因為休息是為了有更好的狀態去走更長遠的路。所以，我們要學會，做任何事之前都要做規畫。

也許有人會說：「計畫趕不上變化，所以根本不用做計畫！」其實，還是要做計畫，只是你的計畫當中要有一定的彈性度。就像我在演講的過程當中，並不是上了台才開始我的工作，我的工作是從我開始準備演講就已經開始了。

我常這樣想，如果老天爺想要將一百萬美金給一個最認真的人，我相信他也會努力去挑選一個願意先下苦功的人吧。所以，請大家記住一個準則：沒有人天生拿著麥克風，也沒有人可以隨隨便便成功。我們必須認真地生活，努力地工作，在做任何事情之前，都去試著多想幾步！時刻記得「凡事預則立，不預則廢」。

有人說，每個人的一生都是一部電影。是的，我們的生命是由很多片段組合而成的，在每個片段播放之前，給自己留點時間去做準備，我相信這樣的話，我們的人生電影都會更精采。

我們的生命當中常常會糾結，就是因為你看得不夠遠，有一個很重要的原則——我們要做長遠的規畫，我們要努力成為一個有夢想的人，而且是願意堅持到底、努力去圓夢的人，我想這將是全世界最帥或最美的人。

所以，我們不要靠運氣，我們要有自己夢想的規畫。這個夢想規畫越遠越好，越大越好，如果你的夢做得很小，就會很容易忘記。當你做更長遠規畫的時候，你就能夠找到更大的動力，因為當我們的方向準確了，就會懂得如何去做更好的投入。在航空界有一句古話說：「圓滿的航空旅程開始於正確的方向。」然而，圓滿的人生旅程呢？也開始於正確的方向。

當你覺得最近遇到一個很大的問題，這個問題就像石頭一樣。想像一下，假如你的目標只有一百公尺遠，看看一百公尺那端，再看看這個問題，你也許會覺得這塊石頭很大；然而，當你將自己的目標拉到一萬公尺或更遠的時候，你會發現這塊石頭好像變小了，不是嗎？當我們能夠做更長遠的規畫的時候，我們生命的力量就會被激發出來。

更重要的是，當你今天遇到了你不想要的障礙或者是所謂的「石頭」的時候，正是因為在這之前你沒有做一個長遠的規畫。（就是因為你忘了把焦點拉回到你的長遠的方向。）

我在此鼓勵每一個人，去找到自己努力的方向，尤其是自己的使命感。所謂「使命」就是正確使用自己的生命。當你有了使命感，當你有一個事業的目標或者是人生的目標的時候，你便會自然而然地去做規畫了！

053 馴服心中猛虎

《周易》：「天行健，君子以自強不息。」天（即自然）的運動剛強勁健，相應於此，君子應剛毅堅卓，發奮圖強。

我們必須瞭解這宇宙的真理，它是循環無端的。試想一下，老天不會因為花開得很美就不讓冬天到來。這就意味著宇宙是不斷地在循環的。例如一年四季有溫度的變化、有季節的變化，也有不同環境氛圍的變化。

一個真正有力量的君子，必須要有堅毅的品格和發憤圖強的信念；然而，如何去做，我認為更加重要。正如上文中說，自然的運作是有規律的，所以，一個君子必須懂得在他的生命旅程當中，順應一定的規律，讓自己進入一個正向的循環。

我聽過一位智者說過這樣一句話：「生命中最大的禮物，就是讓自己不斷地進入一個良好的循環，而最糟糕的事就是讓自己掉入一個負面的循環。」好像我們都有過這樣的經歷：有些事，一順百順；而也有些事，開始得不順利就四處碰壁。這兩件事的成敗雖然有各自的原因，然而也存在一定的共性，就在於我們有沒有去好好做準備。我常講，準備工作就是在工作。

例如我們要見一個客戶，不是見到客戶才開始我們的工作，而是從接到這個工作開始，從資料搜集開始，從準備工作開始。我的主要工作是在講台上演講，但我知道，我的工作是從準備演講的內容就開始了。

回到上文中說的，不成功的事情有其各自的因素，而成功的事情一定有一個共性，就是——做事的人善於做準備工作。

我知道正在看文字的你一定有一顆君子一般自強不息的心，然而如何付諸行動，是很多人一直苦惱的。「時刻準備著」是我給你的一劑良方，希望它可以將你帶入人生一個正向的循環當中，加上你堅毅的信念，相信你的人生一定會更加精采。

《孟子》說：「生於憂患，死於安樂。」這句話已經流傳了上千年，然而這句話真正的精髓就像電影《少年Pi的奇幻漂流》中提到的，其實每個人心中都有一隻孟加拉虎——就是那隻會帶給你恐懼也會帶給你欲望的虎。

恐懼的存在究竟是好還是不好？我的答案很簡單，有它的價值。恐懼會讓我們警醒，也讓我們注意到更多的細節和安全性。任何一個決定的大前提必須是符合安全性的。所以，有一定的憂患意識是很重要的。就像做生意的人在投資之前不能只看到機會，而要做風險管理。

對人生呢？我鼓勵各位要有一種無可救藥的樂觀。就是不管發生任何事情，都像《少年Pi的奇幻漂流》中提到的一句話：「不要絕望。」當Pi在海上漂流超過兩百天的時候，他仍然不斷地告訴自己：「不要絕望、不要絕望、不要絕望。」其實支撐他活下來的，不僅僅是他堅強的意志和樂觀的心態，也有對於那隻孟加拉虎的恐懼，使他能夠時刻保持警覺，正是這種警覺使得Pi有種憂患意識，從而引發了他的覺知和鬥志，最終他活了下來。

所以，孟子這句話給我們真正的點悟就在於：時時的警醒，做更好的覺知。如果想讓自己能夠有更好的狀態，除了保持樂觀的心態，還要有一點危機意識，學會與恐懼做更好的相處，讓我們都學會去馴服我們心中那只「孟加拉虎」吧！

054

做好下一步打算

《左傳．襄公十一年》中有這樣一句話：「居安思危，思則有備，有備無患。」當我們生活在安逸的環境中，要時常考慮，如果有一天這種安逸不在了該怎麼辦？並在考慮的過程中，為將來做好準備，有了準備就不會害怕、不會在面臨困難的時候不知所措。所以，與其每日惴惴不安生活在恐懼中，不如早些為自己做好下一步的打算。

「居安思危」是要讓我們把目光放遠一點，不要沉溺於此刻的成就，學會為以後的發展做打算，學會未雨綢繆。正所謂「生於憂患，死於安樂」。

我時常聽到一句話：「計畫趕不上變化。」我的看法是，如果你習慣將這句話當成自己的口頭禪，你的潛意識就會將所有的注意力都放在這種情況上面，你就會在你的生活中不斷地去印證這句話。所以，與其用這句話做藉口，不如將目光看遠一點，學會凡事做好B計畫。這也是文中所說的「思則有備」。

所以，我鼓勵大家在做事情的過程中，如果遇到離譜或者有不穩定因素的時候，學會做一個B

計畫，這樣一來，我們就不會害怕計畫趕不上變化了，不是嗎？

我的一個朋友是學習古典音樂的，他告訴我，在歌劇的表演中，重要的角色都會分為A、B兩組，B組演員通常是後備演員，在整個演出過程中，他們都要穿好戲服，化好妝，坐在後台，時刻準備著，他們通常沒有機會上台表演，但卻對整部歌劇有著非常重要的意義。當A組演員在演出前或演出中出現臨時狀況時，B組演員會馬上衝到台前，幫忙完成整部歌劇。因為有他們，才會使整部歌劇有條不紊地進行，我想這是「居安思危，思則有備，有備無患」最好的詮釋。

我們要學會做更好的規畫，時常想一下，我需要多做什麼可以讓事情變得更好。記得，機會永遠給有準備的人。養成這樣的習慣，會使我們的生活狀態更加從容。

055 歡迎「壞消息」的到來

我在課堂上曾講過一個概念：我們要學會啟動療癒和愛的力量。說到底，就是要用心傾聽。用心傾聽可以幫助我們瞭解更多的資訊，找到更多的問題。有很多企業家在經營企業的過程中，會遇到很多難題，究其原因，我認為是他們一直在說，而沒有好好去瞭解員工的想法。

世界上有位很偉大的CEO叫傑克．韋爾奇（Jack Welch）。他從通用公司的一名工程師上升成為通用公司的CEO，他將一個彌漫著官僚主義氣息的公司打造成一個充滿朝氣、富有生機的企業巨頭。在他的領導下，通用電氣的市值由他上任時的一百三十億美元，上升到了四千八百億美元，排名也從全美上市公司排名第十位，發展成盈利能力位列全球第一，位居世界第二的世界級大公司。退休時，他還被譽為「最受尊敬的CEO」、「全球第一CEO」、「美國當代最成功、最偉大的企業家」。他是如何做到的？他說：「我們的公司最想做到的一個境界，就是成為最願意傾聽員工心聲的企業。」

溝通不是單方面的，如果你是老闆，如果你的員工是有消極情緒的，是有抱怨的，是因為你給了他薪水他才聽你講話，你覺得這樣的工作效率會很高嗎？這樣所謂的溝通又有什麼意義呢？所以，如果想讓每一位員工有更好的表現，祕訣就是：要讓員工在公司找到主人翁的精神。

傾聽之後，消息一定有好有壞，一個好的老闆一定要懂得歡迎壞消息的到來。就像身上有傷口，我們若想要痊癒，不能一直遮住它讓他不見陽光；所以，如果聽到一些關於公司的問題，應該高興才對，因為這代表適當的陣痛之後即將會解決問題，走出燦爛的未來。

歡迎你人生中每一個「壞消息」吧，去接納它、解決它，而不是去逃避它，如果你用手遮住眼睛說看不見，那問題就會更大。所以，調整好自己的狀態去面對問題，祝福你有更好的收穫！

056 不在身心俱疲時做決定

有朋友說：「我的事業發展得還不錯，只是今年商家的指標加得太大了，已經有三個月資金周轉不開了，現在房子抵押的資金也用完了。我是繼續投入，還是在原有事業的基礎上，開始考察新的專案呢？我說明一下，我的公司已經發展了十多年，在本行業裡可以說是做得很成功的。但是現在遇到了問題，我很頭疼，請老師指點迷津。」

其實，這是你生命中很重要的抉擇，那我希望你能夠謹慎，有一句話先送給你：準備工作就是在工作。你現在最需要的不是如何把這個專案做好，而是你要花更多的時間去做更好的計畫和思考。

建議你先讓自己放鬆，因為當一個人身心俱疲或是壓力很大的時候，做的決策通常都不是最好的。為什麼很多人會後悔或者是覺得很懊惱？就是因為他在身心俱疲或是壓力很大的時候做決定。我建議你，讓自己放鬆一下。當你離開辦公室的環境到外面去吹個風，也許就會有一個很好的放鬆狀態。

放鬆完之後，你再去思考一下，有沒有更好的解決方案，把可能性的解決方案全部列出來。心理學家說：任何的問題，至少都可以找到三種以上的解決方案。記住這句話：沒辦法，只是還沒有想出新辦法。因為重複舊的做法，只會得到舊的結果。今天，你不能用二十世紀的地圖來找二十一世紀的路。所以，你要改變做法、改變思路，換個策略、換個局面。

在換個思路就換個出路的前提下，你最好的辦法是讓自己放鬆，放鬆之後再去找一些資訊，也許你就會有更好的答案。再者，你要設停損點。那是不是設到現在？我不能告訴你 Yes 或 No，因為答案在你心中。

真要開發新的專案，你要做風險管理和機會管理。如果需要的話，你思考清楚，我們再做進一步的討論。預祝你有更好的收穫，也謝謝你的信任。不要太著急，飯要一口口吃，事要一件件做，關也要一關一關地過。

057

忙，等於心亡

我們為了去追逐自己的理想，去實現我們的目標，難免總是會忙碌。然而當一個人忙過頭的時候，有可能會有某種程度的頭重腳輕或者顧此失彼。顧了這頭，那頭就顧不過來。

試想一下，「忙」這個字由兩個部首組成的，「心」與「亡」，也就是說，當一個人太忙的時候，就是等於「心」死了。

當我們一直在忙忙碌碌追求著物質世界的一切時，有可能內心是空虛的。有可能我們一直在耗電，卻忘了要充電。當我們的電量耗盡的時候，可能就會出現焦慮感，出現不平衡狀態，甚至是很難彌補回來的。就好像手機如果一直在用，沒有充電，能夠持續用多久？試想一下，我們如果一直在忙，也沒有不斷地去充電，我們能夠持續有很好的正能量嗎？

所以，我傾向於忙得剛剛好，而不是過忙。在生命當中，如何能夠在「忙」與「鬆」當中取得平衡，是非常重要的。就如同一台機器，假如二十四小時不停地運作，它遲早會有燒掉的時候。我們要不斷地在「忙」與「鬆」之間取得平衡，這才是宇宙的平衡之道。

衷心建議，以忙得剛剛好為大前提，然後清晰地瞭解到，你的核心工作價值到底是什麼？對於領導者而言，我認為在於三件事情：第一個是思考，第二個是學習，第三個就是放鬆。

不斷地思考更好的戰略，不斷地去思考如何將人才用到極致，不斷地去學習，讓自己有更好的競爭優勢，進而能夠成為更有引領作用的火車頭。然而，更需要不斷地放鬆，因為只有放鬆才能夠有更好的狀態。緊張只會帶來更多的緊張，焦慮只會帶來更多的焦慮。焦慮跟緊張從來不是放鬆的好朋友。所以，誠摯地邀請你去思考，深入的思考，常常的思考，你的核心工作價值是什麼？進而讓自己學會在「忙」與「鬆」之間取得平衡。

《道德經》第十七章說，「悠兮其貴言」。如何成為一個稱職的領導者？如何成為一個有魅力的領導者？如何能夠讓自己的企業進入一個生生不息的成長階段？

首先，我們先從一個字來做瞭解，因為我們的漢字是大有學問的。「忙」這個字是「心亡」。如果一個領導者太忙了，忙到去做員工的事情，那公司如何更好地發展呢？

領導者不能太忙，必須記住一個準則：一個好的企業領袖，千萬不要掉入負面的事務性工作當中。

為什麼用「負面」這個詞呢？是因為，這些事務會削弱你清晰的思考，如果你今天掉入了太多的事務性工作，沒辦法抽出時間來做一個更好的戰略規畫或是更好的長遠布局，這個企業可能就會深陷其中，沒有辦法去找到更清晰的發展定位。

所以，「悠兮其貴言」的第一個要點，我們要告訴自己：不要太忙。領導者應學會最重要的三項工作指標：第一個，學習；第二個，思考；第三個，放鬆。因為只有不斷地學習、不斷地思考、不斷地放鬆，領導者才能夠去統領全軍達到更高的高度。

再者，「其貴言」，「貴言」又是什麼意思？它告訴我們，應該謹言慎行。你要很清晰地知道什麼話不能說，什麼話不可以說，什麼話不值得你說。

如果你不清楚說話的藝術，太過於率性，有可能你的話就會被放大。因為領導者的語言常常會被曝光在魚缸底下，我把它稱為「魚缸效應」。魚缸效應，大家可以想像一下，一條魚在這個魚缸裡，是被展露無疑的。所以我們要學會「謹言慎行」，同時，學會不斷地思考、學習和放鬆。

058 怯，因心去也

「怯」這個字是由兩個部首所組成的，一個「心」和一個「去」。所以，「怯」代表的就是心已去了，心不見了。或多或少，每一個人都有「怯」場的時候，當然要看遇到什麼樣的人、什麼樣的場合。

是的，在這個強調正能量的時代，你是否想過，我們所有的力量都可以輸掉，就是不能輸掉心靈的力量。如果你連心靈的力量都失去了，那我只能送你四個字：「祝你好運！」

試想一下，一個領導者他可以不會用電腦，也不見得要英語有多棒，或者管理一定學到一個什麼樣的高度，但是心靈的力量一定要很強大。古人說：「懂治軍之道者，可為將軍。懂治人之道者，可為君王。」那如何治人呢？其關鍵是：你是否是一個擁有高能量的人。

這宇宙的規律是，高能量是具有引領作用的，如同地球圍著高能量的太陽來運轉，所以，太陽是有引領作用的。

然而，如何成為高能量者，首先要問自己：我「怯」場嗎？在什麼樣的時空之下，我有可能會怯場？美國演說家協會曾指出，人類最恐懼的有兩件事情：第一件事情就是死亡。第二件事比死亡更令人恐懼，那就是上台講話。這就意味著，有很多人不敢上台講話，表示他對上台講話這件事情是「怯」場的。

所以，我們要問問自己：「我們的正能量有天花板嗎？」也就是我們的正能量有極限嗎？如果真有極限，那極限之外又是什麼呢？如何讓我們的正能量沒有極限，能夠不斷地去擴大天花板的高度，就在於，你是用小我的意識來指導你的生活，還是小我與真我是和諧共振的？讓我們學會聆聽真我的聲音，學會讓真我的力量能夠去帶動小我，這是讓你不再怯場的核心關鍵。

誠摯地邀請你，多去攝取能夠提升你正能量的精神食糧。例如，看歷代偉人的傳記、聽帶有正能量的歌曲、還有多交正能量的朋友等等。努力地讓自己成為「正能量達人」吧！

059 悟，從吾心開始

「悟」這個字是「忄」與「吾」所組成的。也就是說，學會去感悟這世界上的一切，是人生很重要的禮物與功課。換言之，所有的「悟」都是從自己的「心」開始的。例如，我們會講「心得」，不會講「腦得」；我們會講「心想事成」，而不會講「腦想事成」。

學會「悟」的真諦之一就在於：學習不等於學會，知道不等於做到。而是只有真正感悟到了，才能夠持續地做到或者是持續地擁有。所以，當你了悟到越多宇宙真理的時候，你就會越自由。

去了悟幫助你活出生命更多價值的觀點，升級你的信念品質，去看到、聽到、感受到更多事物背後的真相。如同《大學》說「致知在格物」，想要瞭解到智慧的根本，就要先破除外在一切的相。

我常講：「原因分三個層次：表面原因、深層原因和根本原因。」因為萬事互相效力，萬法皆空，唯有因果不空。也正因為如此，我們要不斷地去做更深的因果的推論，找到最根本的原因，那我們就會悟到更多對我們人生有幫助的觀點，進而收穫更多的禮物。如果能夠感受到溫暖與力量，我相信我們所傳遞出去的正能量，每天、每分、每秒都會讓我們身邊的人感覺到。

060 信，人言支撐的世界

「信」這個字是由「亻」與「言」所組成的。意味著，一個人的信心有多大，跟他的語言習慣有關。一個人說出去的話會決定他的信心強度。有句話這麼說：「當你失去了金錢，你只失去了一部分；當你失去了信心，你就失去了全世界。」

在佛教的體系中，最重要的就是信、願、行。在基督教的教義當中，最重要、最核心的三個字就是信、望、愛。東西方兩大宗教都不約而同地以「信」為其核心主張的開始，這意味著我們必須更信任宇宙真理，必須對自己能夠擁有更豐盛的成果要有信心。所以，「信」就成為人們要追求加倍豐盛、加倍圓滿、加倍喜悅的人生，很重要的一個感悟點、落實點和成長點。

或許你會問：「如何有更好的信心，如何有更好的信任？」在許許多多的宗教儀式當中，會透過持咒、禱告、讀經、冥想等儀式，來產生更好的狀態品質。或許是天人合一的品質，或許是一種能夠明心見性的品質，或許是能夠活出更輕盈狀態的生活品質。

在這麼多的儀式當中，不約而同都與內在的交流或外在的交流有關。如何交流，就在於你的語言流動。所以，這就意味著，我們的信心品質與語言流動的品質是成正比的。

試想，如果一個人常常地告訴自己說：「我的記憶力越來越差，我的記憶力越來越差！」他的記憶力會越來越好嗎？答案是，不會的。如果有一個人告訴自己說：「我怎麼這麼倒楣，怎麼倒楣的事都讓我遇到，怎麼又是這樣子？」你覺得他的生活品質會很好嗎？答案是，不會。

接下來，我們就先跳出所有的宗教儀式來看一個核心的關鍵：你是否能夠不斷地給自己輸入正向的肯定語，意味著你是如何透過語言來祝福自己；你是如何透過語言來跟別人溝通，這就會大大決定你信心品質的發展方向。

「信」是一個人說話的真實度和真誠度，假設一個人說話沒有任何可信度，誰會願意與他相處呢？一整片大樹林可能會被一個小小的火苗燒光，我們如果不重視「信」，可能將辛辛苦苦建立起來的人脈關係毀於一旦。同樣道理，我們如果很重視自己的信用，有足夠的信念，我相信我們的人生會變得精采起來，因為大成就是由小成就積累起來的。

我大概在十幾年前看過一本書，叫做《飛人自傳——麥可．喬丹籃球之神》，裡面有一句話是這樣：「凡事以登峰造極為目標，過程中按部就班。」我們的夢想可以很大，但請不要放棄任何一個階段性的成長。凡走過的路必會留下痕跡，凡經歷過的事必會有不一樣的收穫和禮物，再小的火都可以燃燒整個森林。只要你願意相信，永遠不要放棄每一個當下的付出，學會給自己送上更好的肯定與欣賞，假以時日，你的夢想定會實現。

061 像樹一樣有紀律地成長

管子有一句話：「十年樹木，百年樹人。」其實，「十年」和「百年」只是比喻的方法，它想要告訴我們，在我們的一生中想要做成一件事情，關鍵點是要學會鐵杵磨成針的那份耐力。樹不可長得太快。一年生當柴，三年、五年生當桌椅，十年、百年才有可能成棟樑。

這世上沒有一蹴可及的事情，不積跬步無以至千里。所以，在我們實現夢想的過程中，在我們成長的過程中，千萬不要著急。學會沉下心來，去扎扎實實地練好基本功，不論是做事，還是做人。

要做好任何事情之前，都要先好好地學做人，「百年樹人」這四個字道出了：想要真正做好一個人，是需要時間的錘煉的。這是為什麼有些人活了一輩子也沒有活明白，這也是為什麼我們要去學習「道」的緣由。

愛因斯坦曾說：「用專業的知識教育人是不夠的，通過專業教育，他可以成為一種有用的機器，但是不能成為一個和諧發展的人。」是啊，成為一個真正純良的人需要學習，更需要一份信仰。當一個高考狀元為了賺錢去研製地溝油，最後鋃鐺入獄的時候，他應該好好去反省，自己在學校的思想品德教育課堂上都在幹嘛？德行，才是育人的根本。

在此懇請各位不要急著去成長，慢慢來。我們走在生命的哪一個階段，都應該喜歡那一段時光，去好好享受路上的風景，並完成那一階段該完成的職責，順生而行。不沉迷過去，不狂熱地期待未來，過好每一個當下，生命這樣就好。

也許此刻的你正經歷著痛苦與掙扎，相信我，一切都會過去。或許我們都只有一個選擇：雖然痛苦，卻依然要快樂，並相信未來。我們在人生的旅途上，一次次地從迷茫走向堅定，從失望走向希望，每一個經歷都會教會我們些什麼，所以，人生真的是拆不完的禮物。讓我們以這樣的心境去面對人生中的一切無常吧！想要成為參天大樹，就要耐下心來，好好地成長。

「他要像一棵樹，栽在溪水旁，按時結果子，葉子也不枯乾。凡他所做的盡都順利。」

——《聖經・詩篇》第一章第三節

感謝上天，用很美的文字寫關於他所愛的人。他告訴我們一個很重要的人生哲理——有紀律的生活很重要。

我常講一句話：「一個沒有紀律的生活，未來一定是一場大的災難。」我曾經問學友們說：「一個體重過重的人，他有沒有紀律？」他們說：「怎麼會有紀律呢？」我說：「當然有，他必須很有紀律的吃啊！」

後來我發現，紀律有分兩種：一種是不好的紀律，一種是好的紀律。換言之，如果我們今天沒有一個好的紀律的習慣，以後的生命就會出現很多的問題。

我們要像一棵樹，春花、夏實、秋結、冬藏。一年的日子過得不慌張，可是目標在前方清晰可見——按時候結果子。燦漫春天來，看看；風吹雨打時，耐一下；夏日炎炎，等待月涼的夜；秋天紅裝，果子自然出現；冬天披著白袍，等待下一個春天的到來。就像我們的人生，有紀律的生活，有紀律的學習，有紀律的成長。

我覺得有紀律的工作是不難的，有紀律的生活跟有紀律的成長就有一定的挑戰。比如我們每天去上班，需要打卡，好像我們都能夠做到，所以讓我們有紀律的工作是不難的。然而，十年、二十年之後，有一天你發現自己的人生並沒有什麼進展，你當初的夢想並沒有實現，為什麼呢？我想有一部分原因就是：你忘了有紀律的生活跟有紀律的成長。

為什麼有紀律的生活很重要？有句話這麼說：「吃什麼就像什麼。」因為當你沒有一個好的飲食結構，沒有一個良好的作息習慣，你就不會有很好的狀態去迎接每一天的挑戰，就沒有辦法讓你的身體很有活力，進而你的生活與工作很有可能會進入一個負面的循環。

所以，我們要像那棵樹一樣，有紀律地去認真過好每一天。生命就是這麼有趣，如果我們每一天都過得很好，最後的結果也一定會很好。一定會按時候結果子，並且葉子也不枯乾。

062 保持神祕感

《韓非子．愛臣篇》：「愛臣太親，必危其身；人臣太貴，必易主位。」這句話告訴我們，在引領團隊時要注意距離感，因為寵臣過於親近，必定危及君身；臣子地位太高，必定取代君位。

在經營企業或引領團隊的過程中，想要成為一名合格的領導者，我認為需要瞭解三個標準——第一，專業度。這當然很重要，因為人們一定都希望能夠被一位專業人士帶領。第二，親和力。沒有親和力什麼事都不會發生，有了親和力就可以創造奇蹟；所以，沒有任何人會離開公司，只會離開他的老闆。第三個更重要，就是神祕感。

古話說：「近親無偉人！」我想是因為兩個人太親近，就難免會看到其他人無法看到的缺點，畢竟人無完人嘛。所以，距離真的會產生美感。如果我們跟自己的團隊距離太近，反倒會不好引領。因此，我的建議是，公對公，私對私，學會在什麼樣的場合扮演什麼樣的角色。

如果你想在經營企業、帶領團隊當中獲得更好的新績效，除了有很好的專業能力，同時保持更好的親和力之外，更重要的一個關鍵就是「神祕感」。如果沒有保持適當的距離，有可能導致的是公私不分明，甚至沒有辦法去運用更好的管理手法、策略或機制，使對方快速上軌道。

想要保持適當的神祕感，有以下的做法可以參考：

第一，在私底下的場合，必須有適當的表現。例如，不要醉酒，不要說黃色笑話。

第二，不要在公司夥伴面前談論自己過多的私生活。這會讓公司夥伴用不同方式來評估你，畢竟人無完人。更重要的是，自己的生活自己負責，千萬不要形成八卦閒談的環境氛圍。

第三，永遠不要在同事面前說另外同事的不好。因為當你這樣做的時候，聽的那位同事會想：你會不會也在另外一個同事的面前說我的不好？

以上這三點與你溫馨地共勉：請保持適當的神祕感！進而讓你的事業與人生有更好的騰飛。

《漢書．東方朔傳》中有一句話：「水至清則無魚，人至察則無徒。」我們想要擁有更多的夥伴與朋友，得到更多人的支持，有個前提條件，就是為人要隨和，不要過於精明和苛刻，否則，大家會因為害怕而不願意與你打交道。就像如果水過於清澈，裡面沒有任何微生物的話，魚兒是沒有辦法在裡面存活的。

人都是有自尊心的，當一個人不需要忠告的時候，你千萬不要給他忠告。我們要有一顆包容的心，並且容許自己身邊的人犯錯，因為犯錯也是一種體驗，並且可以得到更多的經驗與教訓，這是他成長的必經過程。

這句話有一個重點，「水至清則無魚」中的「至」有「極致」、「非常」之意，意思是：水過於清澈，魚兒沒有辦法存活；但是水要是過於污濁，同樣是行不通的。我們需掌握好尺度，不過分強求身邊的人或員工不能犯錯；也不可對所見的問題漠然視之，放任自流。以這種「慈悲」心當「老好人」，不僅會助長社會上的不道德之舉，也會讓小問題慢慢變成大問題。這樣的人，不但不會讓人喜歡，反而更讓人反感。所以，讓我們都努力去把握好這個界限吧，在不違背原則的前提下，去給身邊的人更好的成長平台，更多的成長空間，多些鼓勵，多些包容，相信你會得到更多的認可與支持。

我相信，這樣恰到好處的距離，會使我們的團隊有更好的績效。切記，我們要的效果並不是高處不勝寒，而是在飽含親和力的基礎之上做這樣距離上的調整。在與員工相處的過程中，我們盡量將所有心思都放在這個人身上，而不僅僅是重視他的業績如何，要讓他知道，你很重視他，很希望他會有更好的發展。「得民心者得天下」是永恆的真理。祝我們都能學習成為一位合格的領導者吧！

063 修身、齊家、治國、平天下

《大學》裡面有一句話，我們每一個人都耳熟能詳：「修身、齊家、治國、平天下。」首先「修身」我認為可以從兩個方面思考：第一是注意保護自己的身體健康。試想一下，一個人如果沒有健康的身體，又如何去做其他事情，如何更好地體驗生命呢？所以，健康是一其餘都是〇，有了一後面可以加好多〇，但是沒有一再多的〇都是無用的，不是嗎？所以，從現在開始，停止虐待我們的身體吧，千萬不要四十歲之前用命換錢，四十歲之後再用錢去換命。

關於修身的第二點，即自身的道德問題。一個人的自身修養對以後的人生道路有著深遠的影響，這也是我們來到這世上要修的功課。所謂修行，就是不斷修正自己的思想和行為，要時刻保持覺察力，不停向內觀照，去觀察自己心中的貪、嗔、癡能不能得到對治。我們自身修養得到更好的提升，是我們開啟更好人生旅程的基礎。

接下來是「齊家」，指的是要管理好一個家族。「齊」這個字就是共同成長。我非常相信，能夠擁有真愛的家庭，才能讓家進入一個良性的循環。然而，兩個人有真愛之後，應該有一種共同成長的意識，讓愛能夠走得更長更久。

任何一段感情都需要不斷經營，愛情更是如此。朝夕相處的兩個人，如果其中一個一直在學習，讓自己不斷提高，而另一個卻一直原地踏步的話，即使再相愛的兩個人，也會面臨無法溝通的局面。

同樣的道理，在公司團隊裡也一樣，一個集體中，每個人的能力不一樣，所能勝任的職務也不同，但都是非常重要的，缺一不可。只要大家能夠都從自己的本職工作出發，實現共同成長，我相信，整個團隊將會有更好的發展。就像我常常說的那句話：一個人，會走得很快；一群人，會走得很遠。所以，我相信「修身」和「齊家」是「治國」、「平天下」的重要基礎。

064

有愛就是最大贏家

「仁者無敵」出自《孟子．梁惠王上篇》，原文為：「勇者無懼，智者無惑，誠者有信，仁者無敵。」「仁者無敵」的意思是說，有仁愛之心的人是無敵於天下的。下面描述的是發生在英國的一個真實故事。

有位孤獨的老人，無兒無女，又體弱多病，於是他決定搬到養老院去。老人宣布出售他漂亮的住宅，購買者聞訊蜂擁而至。住宅底價八萬英鎊，但人們很快就將它炒到了十萬英鎊，並且價錢還在不斷攀升。老人深陷在沙發裡，滿目憂鬱，是的，要不是身體不佳，他是不會賣掉這棟陪他度過了大半生的住宅的。

一個衣著樸素的青年走到老人跟前，彎下腰，低聲說：「先生，我也好想買這棟住宅，可我只有一萬英鎊。」

「但是，它的底價就是八萬英鎊啊。」老人淡淡道，「並且它現在已升到十萬英鎊了。」

青年並不沮喪，誠懇地說：「如果您把住宅賣給我，我保證會讓您依舊生活在這裡，和您一起喝茶、讀報、散步，每天都快快樂樂的——相信我，我會用整顆心來關愛您。」老人頷首微笑。

突然，老人站起來，揮手示意人們安靜下來：「朋友們，這棟房子的新主人已經產生了。」老人拍著青年的肩膀，「就是這個小夥子！」青年不可思議地贏得了經濟上的勝利，夢想成真。

這個故事告訴我們，完成夢想，達到目標，不一定非要冷酷的廝殺和欺詐，在競爭的過程中，在心裡將很多人當成是自己的敵人。其實，真正讓一個人成為最大的贏家，往往是那顆仁愛之心。正所謂，仁者無敵。我相信，擁有一顆仁愛之心可以戰勝一切。

065 點亮內在的光

孟子說：「民為重，社稷次之，君為輕。」我把它引用到企業的發展中，會給我們一些啟迪。

古語有云：得民心者得天下。這是恆久不變的真理，所以，不論是一個企業還是一個國家，都要把「人」放在首位。作為領導者，應該放下盲目的自信，多去用心傾聽員工以及下屬的心中所想和必要的需求。當員工的切身利益被剝奪得過於嚴重，當領導者很強勢地、事無巨細地去干預公司的運作，我想是沒有人願意為公司賣力的，整個企業的發展也會遭遇很大的挑戰。

社稷次之，「社稷」好比公司的發展，我們在做事上要秉著以大局為重的原則，並且要有輔助的規章制度，規範公司上下所有人的行為，從而形成一種企業文化，成為所有員工遵循的基本信念和價值觀。

最後，「君為輕」是主要來限制管理者的，在管理企業的過程中，管理者的任務主要是做更好的引領，換言之，就是建立更好的體系和系統，並且讓系統能夠自動運作起來。然而管理者自己要盡量成為這個系統中最不重要的一個人，不要將自己掉入事務性的工作中，這樣方能站在更好的立場去做更好的判斷。

一個領導者最重要的工作就是更好的學習，然後做更好的思考，把舞台搭建好，讓更多的人在舞台上展現才能，樹立更好的企業文化，讓大家在這樣的文化氛圍當中有更好的成長與精進。

《大學》不只是一門勸人向善的學問，還是一門能夠教會我們如何安身立命，同時不斷地讓我們修正自己的心性與行為的學問。《大學》的「大」字是很有學問的。「大」是「人」跟「一」所組成的。《大學》就是人得「一」的學問。掌握這個「一」，就像正確的「正」是止於一。

「大學之道，在明明德，在親民，在止於至善」，這句話中提到了三個「在」，「在」這個字是很有意境的，例如，我們在通電話的時候，可能會問對方「你在哪裡」？「在」即表示是突顯的。

第一個是「在明明德」。明明德就是彰顯自己內在的光，彰顯自己內在美好的德性。

第二個是「在親民」。我非常相信，只要幫助足夠多的人實現夢想，自己的夢想一定會實現。生命的意義與價值不在於你賺了多少錢，而是你要成為什麼樣的人，同時為這個社會做什麼樣的事情。所以，「在親民」就是推己及人地去點亮別人內在的光，使人人都能去除污染而自新。

「在止於至善」，就是讓這個光能夠生生不息。就像《周易．乾》中講到的「天行健，君子以自強不息」一樣。

總而言之，這句話的整體寓意為：點亮自己內在的光，同時去點亮別人內在的光，然後讓這個光生生不息。

066 良友激發我們的潛能

有部電影給我很深的啟發，這部電影叫做《悲劇世界》，我的觸動在於：為了利益而勾結在一起的一群人，各懷私心，最後的結果只有一個——分崩離析。他們因為利益而走在一起，最終也會因為利益而鬧翻。而當一群人為了某種社會責任感而團結在一起的時候，方能天長地久。

有時候我們成全了別人，自己反倒也被成全了。當然，我並不是讓大家都只講社會責任感而不談利益，只是強調這種利益獲取的正當性而已。

我們常講團結就是力量，艾思奇說過這樣一句話：「一個人像一塊磚砌在大禮堂的牆裡，是誰也動不得的；但是丟在路上，擋人走路是要被一腳踢開的。」所以我們要學會團結，這個團結有一個大前提，就是要帶著有覺知的愛，是為了去履行各自的社會責任感，而不是為了利益而結合。我相信這樣的組合才能夠真正做到長長久久。

所以，我們想要自己的人生長治久安，想要自己的企業長治久安，想要自己的生命因為時間的推移日益豐盛的話，請盡量做到孔老夫子說的：「君子周而不比，小人比而不周。」學會團結，而不勾結。

《論語．子路》裡講到「君子以文會友，以友輔仁」。句中的「文」指什麼？「文」包含了文化思想，能夠增加我們內在的涵養。所以，我們常說內在美很重要，因為一個人的氣質如何，是從內而外彰顯出來的，而非只是外在而已。

一個真正的謙謙君子，他在生命當中如何彰顯自己的光芒呢？我認為，必須學會「以文會友」。我們的生命是有限的，那麼如何在有限的生命當中經營出無限風采的人生呢？我們必須學會跟「對的人」互動。何為對的人？我認為就是：在跟他互動的過程中，能夠增長我們的智慧、拓展我們的見識、提升我們的境界。

我自己有兩個交友的原則，供大家參考：第一個原則就是去認識比自己有成就的人；第二個原則就是去認識很有潛力的人。他們就是上文中提到的「對的人」，與他們的溝通交流能夠幫助我們更好地成長，能夠讓我們內在的仁愛之心得到更好的彰顯。因為「近朱者赤，近墨者黑」。

有人問我：「老師，我如何能擁有更好的財務呢？」我反問他：「你身邊最主要的三、五位好朋友，他們的生活品質如何？如果你發現自己最好的朋友的生活品質並不是很好的時候，這也反映出你還有很大的提升空間。」所以，愛棋之人喜歡不斷地找高手下棋，我們也要不斷地擴大自己人脈圈的品質，這樣會幫助我們的生命活得更精采。

這樣的交友原則正符合《論語．子路》中所說的「君子以文會友，以友輔仁」——「真正的君子用道義去交朋友，通過交友輔助仁德。」通過好的朋友去激發自己的潛能，通過層次比自己更高、能量場比自己更好的朋友，以相互幫助、培養仁德作為交朋友的目的，能夠讓我們進入一個更好的善循環。

067

橘子跟蘋果都能要

有一個朋友說：「我是結過婚的女人，寶寶四個月了，另外我有自己的實體店。現在既要照顧孩子又要管理我的店鋪，真的是做不了兩全。有時候真想把生意停了全心照顧寶寶。我已經考取了心理諮詢師，但一直沒去作，是不是應該現在就改行啊？我很迷茫，請老師指點迷津。」

我覺得有一個很重要的點：永遠不是選擇一或二的問題，永遠不是選擇黑與白的問題，永遠也不是用對與錯思考的問題。而是你要思考：你的人生到底要過什麼樣的生活？能不能「魚與熊掌可兼得」，這是非常重要的！

我常在有些課程當中舉一個案例。現在各位朋友想像個畫面，比如說你的手上有個橘子，我的手上有個蘋果，你怎麼得到我手上的蘋果呢？也許很多人會說把蘋果給我，或者會採取很多方法，把我手中的蘋果拿走。

其實道理很簡單，你就說：請你把蘋果給我可以嗎？如果我願意的話，我就把蘋果給你了，因為我不見得要吃橘子。重點是，你想要蘋果我可以給你。所以，橘子跟蘋果都可以拿到的，這是我一直都在強調的重點。

今天你不要告訴我說，我做A件事，B件事就做不了，B件事做了，C件事就做不了。那我現在請問：有沒有這樣的一個人，他本身事業很成功，家庭很幸福，同時身體也很健康？如果全世界能夠找出這樣的一個人，那就表示，他真的做到了魚與熊掌可兼得的道理。

其實，橘子跟蘋果兩者都可要。我的建議是，不是只想到我要做這個還是做那個，請思考它的模糊空間的一些答案來。記得時常靜下心來多問問自己，我要過什麼樣的生活？以終為始來思考。

就像我，我很喜歡幫助別人，我也很想成為一個更有影響力、更有感召力的人，那我可以做很多的選擇。而不是說：「我為了幫助家裡還債，我是開計程車好呢？還是一天打兩份工好呢？」我不是這樣思考，我的思考是：「我未來要過什麼樣的生活，我必須多做什麼改變？」不是說我有什麼，而是我要什麼。像有的年輕朋友，他可能會開車，有體力，他就去做有關開車或體力的工作。每個行業我都很尊重，行行出狀元嘛！

所以，有什麼、要什麼，一定要考慮清楚，不是你有了心理諮詢師的證，就一定要馬上當這個心理諮詢師。而且，你開的這個實體店，能不能找人來打理一下，你多照顧孩子一點呢？我不知道你的生活策略，但是做女人要把自己的心境擴大一些，心寬敞一點，然後能力就會提升得快一點，自然就辦法多一點了。

068 看人要聽其言、觀其行

《聖經》中有這樣一段話：「舌頭在百體裡也是最小的，卻能說大話。看哪！最小的火能點著最大的樹林。」這句話意在告訴我們，要對自己所說的話負責任。我們從牙牙學語到現在，粗話、錯話、閒話、狂話不知道講過了多少。說話，能夠引導人、造就人，也可以誤導人、得罪人。

「君子不以言舉人，不以人廢言。」這句話告訴我們：君子不會單憑一個人說的話來舉薦這個人，也不會因為自己不喜歡這個人就廢除他的言論。在一個企業中，領導者不能夠只是憑這個人說了什麼就給他更好的職位，而是要聽其言、觀其行。

對於下屬的讚美，有些上司是很沒有防禦能力的，是非常受用的。有的人工作能力一般，但憑著自己巧舌如簧，在公司平步青雲。這樣的例子在生活中比比皆是，我想這樣的上司一定沒有了悟到「君子不以言舉人」的意境。

當然，我們也不能因為不喜歡某個人就否定他所說的一切。一個真正有涵養的人，一定是懂得客觀地看待所有的人，他懂得去欣賞每個人身上的優點，即便自己不是很喜歡這個人；當然，如果他很喜歡一個人，卻還是可以看到這個人身上不足的地方，可以做得更好的地方。我想這是一個領導者必須具備的能力吧！

古人說得好：懂治軍之道者，可謂將軍；懂治人之道者，可謂君王。所以，當你瞭解人、認識人之後，你就無所不能。

069 集思廣益，聆聽自己

北宋著名史學家、政治家司馬光和他的助手們，歷經十九年編撰了一部規模空前的編年體通史巨著——《資治通鑒》。裡面記載了從戰國到五代共一千三百六十二年的史實。它總結出很多的經驗教訓，供統治者借鑒。裡面有一句明言：「兼聽則明，偏信則暗。」

當我們想要瞭解一個情況，要同時聽取各方面的意見，才會對這個情況有個客觀全面的瞭解；如果只聽一面之詞，在決策上必然會有一定的傾向性，從而做出錯誤的判斷。所以，在一家企業中，一個好的領導者在做任何決定之前，應該搜集大量的資訊，然後精準地過濾，最後在顧全大局的基礎之上做出決定，而不是只聽某個人或一些人的觀點就隨意地去妄下結論。

《孫子兵法》中說到，一個優質領導者必須具備智、信、仁、勇、嚴。前提是這個人要有智慧，然後做人做事講究誠信，待人仁厚，同時又對下屬有嚴格的要求。智慧在其中第一順位，「兼聽」就是一種智慧之舉，領導者在聽到不同的看法時，應當具備這種智慧去做篩選。每個人的立場不同，觀點也會不一樣，或者有些人會為了一己私利而去欲蓋彌彰，提出似是而非之論，這些都需要領導者自己去權衡。

與你共勉《箴言》中的一句話：「謀士眾多，所謀乃成。」我非常喜歡用不同的文化來論證我們博大精深的國學思想。這句話的精髓從中國古代沿用至今。在古代皇帝上朝時，總是先問有何事要上奏？當大臣奏上一件事之後，皇上會先問問各位大臣的意見，聽取各方意見之後再做出最後的決定。這就是這一句話想要告訴我們的境界：出主意的人多了，所謀畫的事情就會容易成功。

現在我們在一家公司或企業裡面，也是通過「開會」這樣的形式集思廣益，然後做出一個最合適的決定。然而，我們身邊一定都不乏有點武斷且一意孤行的人，頭一熱，立刻決定整件事，並且聽不進其他人的意見。我是不贊成這樣的處事方法的，尤其是在做公共關係的決策時，更要多聽聽群眾的心聲，不要為了反對而反對，多去聆聽不同的意見是很關鍵的。

當然，在聽不同意見的時候，我們自己要成為一個很好的篩檢程式，過濾掉一些對整件事情沒有幫助的意見，要做到心中有數，哪些人在平時的工作表現中是很有想法的，對於這種關鍵人物的意見，我們要特別關注一下。

那麼，如何能夠做出一個比較好的決策呢？我自己有一些聆聽哲學供各位參考：最重要的就是上文中提到的，三思而後行。最好不要在第一時間就做決定。最佳的決定時間是第三時間。第三時間意味著：首先花時間好好地聽，然後好好地沉澱，最後好好聆聽一下自己內在的聲音，想想自己想要的到底是什麼。這樣一系列動作之後，相信可以幫助我們做出一個最佳的決定。

一個好的決策是很關鍵的，因為，有時候一個好的決策會讓我們的生命出現不一樣的轉向。然而，我們做決策的品質，會決定我們生命發展的品質，所以，請謹慎地去做我們生命中的每一個決策吧。別忘了這句話：謀士眾多，所謀乃成。

070

以理服人，而非以勢服人

《弟子規》裡面有這樣一段話，我覺得可以成為所有領導者的座右銘或核心思維——「勢服人，心不然；理服人，方無言。」這句話告訴我們，待人一定要以「理」服人，不應該以「勢」服人。

試想一下，如果你的上司總是喜歡用權勢去管控、去壓迫你，你會喜歡嗎？我相信沒人會喜歡。

在領導管理過程中，威嚴並不是裝得很強勢就會有的，如果大家在做事的過程中，口服而心不然，我想那是沒有意義的。我常講，賺取人心比賺取金錢重要。一個成功的企業，勢必是人心所向的，一個成功的領導者也一定懂得如何以德服人，如何去引領大家。

溝通有很多方法，但是最重要、最直接也是最簡單的方法，一定是真誠。一定是站在對方的立場設身處地地與他對話，這樣的溝通才會產生共鳴，把話說到他人的心坎上，曉之以理，動之以情。我相信人的心都是很柔軟的，我相信這樣做一定能夠讓他人心悅誠服。

071

運籌帷幄，決勝千里

「運籌帷幄之中，決勝千里之外」這句話出自司馬遷的《史記．高祖本紀》。「運籌帷幄」這個成語是我們耳熟能詳的，「帷幄」指過去的軍用帳篷，所以整句話的意思是：在小小的軍帳內做出正確的部署，能夠決定千里之外戰場上的勝負。可見，倘若我們想要做好一件事情，前期的籌備是非常重要的。

我常講，準備工作就是在工作，機會永遠留給有準備的人，真正決定勝負的關鍵不在於付出的過程，而是在還沒有付出之前，你都做了什麼樣的思想準備。

在企業管理中，運籌帷幄體現在領導者的用人藝術上。正如我們所知，企業之間的競爭就是人才的競爭，然而，有些企業管理者卻把精力放在日常事務中，忽視了「用人」這個重要的職責。

漢高祖劉邦為何能打敗西楚霸王項羽，最終取得勝利，正是因為他善於用人。劉邦說自己運籌帷幄不如張良，安撫百姓不如蕭何，率軍打仗不如韓信，但他卻能合理的使用他們三位俊傑，所以能得天下。而項羽有一個范增，卻不能好好利用，只仰仗著自己的匹夫之勇，怎能不失敗？

所以，如果企業管理者將準備工作做得足夠好，將一切可能出現的狀況都考慮進去，可以做很好的人手調配，根據每個人的優勢去進行分工，很好地協調各個部門的關係，然後在這過程中發揮很好的指揮作用，我相信一切都將會有條不紊地進行，整個企業也會有更好的績效。

072

拓寬你的思路

有部電影《蘇乞兒》，他一開始想成為武學大家，想創一個武術的宗派，就有很多人跟他學習。雖然他遇到很多挫折，但是每一次挫折都讓他越來越成功，就像曾國藩。

我們必須要肯定曾國藩，因為他是越挫越勇的，屢戰屢敗，屢敗屢戰。我的理解是：從這個事情當中，我們要學到什麼呢？首先，做生意要有足夠的現金，要有現金流。其次，要學會穩、強、大的三字訣，先做穩，再做強，後做大。

你可以想像一個概念，飛機飛得很快但是不穩，就可能會出現很大的狀況。車子要超速地跑，也會出問題。很多老師說「超速能成功」，但是超速的盲目擴張是不行的。

再者，今天你不要把焦點放在負債，你一定要學到更好的經營方法，這個經營方法就是「即將賺到更多的錢」。如果一個有創業經驗的企業，是賺第一個一百萬容易還是賺第二個一百萬容易？答案自然是第二個一百萬比第一個容易！因為有經驗。所以不要擔心負債，我相信你即將東山再起，也不要再害怕遇到挫折。

在美國有這樣一個統計，通常美國億萬富翁都是破產一次到三次，都有些失敗的經驗。所以，不僅要從中學到現金流，而且還要先做穩、再做強、再做大。另外，你要學會把團隊建設好，這些事情是非常重要的。

在經營的過程中，一定不要盲目地擴張，你要學會去瞭解同行，包括不同行業的成功模式。只有拓寬自己的思路，才能把自己的事業以最快的速度達到高峰。

073

真英雄不以成敗論

「成敗論英雄」這句話，如果你一旦曲解了，就會易陷入追逐名利、追逐成功果實的漩渦，甚至會用外在的「相」來彰顯自己是成功的，例如開好車、住好房、戴名錶、穿名牌等等。

當然，這不是意味著我們不能用高品質的物質去過上想要過的生活。我只是想表達，真英雄並非完全是用成敗來論的。為什麼呢？因為，有太多的英雄，他們失敗的次數是超過你所想像的，他們遭受到的靈魂黑暗期之黑暗、之可怕，我想對於他們的內在，就像遭遇一場地震一樣。所以，我認為真英雄的定義之一，是他的內在是否有很好的平靜狀態。

成敗只是一時的。如果一個人成功了，他不平靜，有可能會剛愎自用，恃才傲物；如果一個人失敗了，他不平靜，有可能就會持續地向外找尋。所以，平靜最大！這是我始終相信的真理。

真英雄就是能夠做到平靜最大的高度。或許你會想，平靜嘛，很容易做到的。那麼，請回想是不是最近才被一件小事給惹毛了？知道很容易，做到很難；做到也很容易，持續做到很難。所以，從今天開始，擴大一下你的平靜範圍吧！

074

成功就是得到你所想要的

似乎我們都被淹沒在集體意識當中，為什麼呢？因為集體意識是有龐大力量的。在集體意識當中所推崇的，就是那種成功的味道。有些人對成功的渴望和追求甚至是近乎瘋狂。在這個社會當中，我們的集體意識都是在拼誰比較成功！

是的，那到底什麼是成功？簡單地說，我個人覺得：「成功就是得到你所想要的、所需要的。」例如，你擁有了一輛好車，你就更成功了；你擁有了一棟好房子，你就更更成功了；你擁有了很好的事業發展，你就更更更成功了；你的企業上市了，你就是更更更更成功的企業家了。

關鍵是，在這個集體意識的彌漫之下，你能不能活出幸福的滋味？難道只要成功不要幸福嗎？還是我們可以更幸福，之後我們就可以更成功呢？

然而，幸福不是一種追求，而是一種發現。幸福在心中，生命就能夠更璀璨！如何讓幸福在心中，並不斷地生根發芽呢？我個人認為其關鍵就在於「學會珍惜你所擁有的」。如何珍惜？就在於我們要有一顆發現幸福的心靈之眼，然後去數算早已來到我們身邊的點點滴滴的幸福美事。

例如，一大早有人給你發一個問候的短信，是讓你一天有正能量的，這就是幸福。例如，端午節有人親手為你包粽子，不管對方包得好不好吃，但是裡面是有幸福的味道的。例如，你的上司很用心地帶領你，你也是幸福的。再如，你的員工很認真地做一些事情，即使你還不清楚他做了什麼，卻也是幸福的。

讓我們多體驗、多回味、多重播，其實早已存在的、妙不可言的、美不勝收的幸福的味道。是的，多一點發現，你就可以獲得更多更好的體驗，而這個好的體驗，就會讓你產生更多幸福的味道。

075 超人就是總能超越自我的人

《超人》這部電影，我相信是可以讓你我學到很多的東西的。雖然我還沒有看過，但我卻可以想像到，一個真正能夠去度眾生或者去幫助更多人活出精采生命的人，他就是某種程度意義的超人。

我對超人的理解是：「只要你願意不斷地超越自己、穿越恐懼，跨越重重的障礙，並在地球上創造屬於自己的智在天堂的人，其實就是自己生命中的超人。」

在古代《三國演義》當中，有人會稱諸葛亮：「真乃神人也！」然而，在現代當中，我們常常會聽到有人對別人讚美說：「你真厲害！你真是一個不可思議的超人！」其背後都在述說一個真理：能夠做別人做不到的事情，能夠想別人想不到的事情，能夠跨越別人無法跨越的障礙，其實這就是超人。

然而，每一個人或多或少都會成為某種程度的超人。因為，我相信你對自己的現況並不是百分之百的滿意，對嗎？所以，我們都可以通過自己的努力，過上更好的生活，同時去體驗更多豐富多彩的人生，不是嗎？

生命是用來體驗的。只要我們心中認定自己值得過上更加富足的生活，我們生命的豐盛程度就會不斷地升級、升級、再升級。

相信我們都聽說過一句話：「要想人前顯貴，必在背後受罪。」所以，我非常相信：「吃苦一陣子，就可以享福一輩子。一輩子不吃苦，就吃苦一輩子。」

努力地讓我們的生命活得更精采，然後不斷地去跨越目前所遇到的障礙，或者去穿越目前已經擁有的成就。我非常相信，優秀的最大敵人就是卓越。不要停下來，不要有小富即安的想法。請努力去過上更富足的生活。同時也溫馨地共勉：精神的富足與物質的富足，是需要達到陰陽平衡的。

希望你不斷地用超人的力量，在自己生命的天空裡翱翔。然後，去體驗那美不可言、大不可言的更豐盛之奇蹟世界。

076 相信別人，被人相信

我深刻感覺到，如果你希望自己的事業能夠向前推進，進而擁有更多豐盛的果實；如果你的人生想要能夠向前開展，進而擁抱更多的奇蹟，那麼你必須發展出兩種力量：第一種力量就是相信別人。因為，人的生命是短暫的，人的時間是有限的。

如何在短暫的生命與有限的時間去見證無限的精采，你必須做到去相信別人。唯有相信別人，才能夠將更多的力量凝聚在一起。就如同一根筷子容易折斷，一把筷子就不容易折斷；就如同「江海之所以成為百谷王」是因為它凝聚了很多、很多的力量。

請學會去相信別人。就如同那句古話說：「疑人不用，用人不疑。」當然，在相信別人的過程當中，有可能你還是會受傷的。所以，相信別人，這是一種需要發展的能力。當你能夠相信別人的時候，你的力量是會更強大的，影響層面會更加廣大。因為，大家會在你相信他們的前提之下，去發揮他們更大的價值。

被人相信是一件很美、很美的事，是一件很有福氣的事，是一件能夠使你的內在與外在都可以得到很多的滋養的事。

根據研究調查：一名有志氣的員工，一名有志向的員工，他們最需要的不是能夠有多高的收入而已，而是他們所期待的「被相信」。因為當他們深刻地感受到時，他們的內在就會迸發出一種力量，那種力量就能夠源源不絕地產生一股內動力，去把事情做得更好、更快，進而能夠將局面扭轉乾坤，能夠將獲勝延續下去。這一切只因被人相信。

當你將這兩種能力發揮到極致的時候，你的生命即將會越過一座又一座的高峰；你的成績即將能夠如同海浪，一浪高過一浪；你的人生作品即將能夠如天上的繁星一樣，是可以超乎想像的豐富與精采的。

加油！你可以！你可以做得比你想像中還好，你可以活得比你想像中的還要豐盛。一切都在於這兩種內在能力的養成。

077 拒絕跟成交是好鄰居

我常聽有些業務員這樣說：「我做業務已經很久了，但到現在為止還是無法面對別人的拒絕，而且在被拒絕後的人際交往中總是有種恐慌感。」

其實不用恐慌的，這很正常，誰都會這樣。首先，我想說的是，銷售員這個工作性質本就是這樣，你依然還在銷售行業中堅持，這樣的精神是可嘉的。然而，要想擺脫這種恐慌感，就要學會重新看待「拒絕」這件事。其實「拒絕」跟「成交」是好鄰居，因為就一步之遙，關鍵是要有個好的心態。

試想一下，假如你是一位女士，有個男士要追求你，通常，當這個男士第一次約你，你會很快答應嗎？不會。所以，一位男士如果真心想跟一個女孩在一起的話，他是不怕拒絕的，重點在於你如何去看待這件事，你要學會拒絕被拒絕。

拒絕被拒絕？就是愈挫愈堅，屢戰屢敗，屢敗屢戰。我們或許都知道堅持是很重要的，然而，堅持最難能可貴的是什麼？就是在迷茫跟混沌之間的你還能夠堅守自己的信念。

我們可以透過一個心態上的調整，讓自己接納別人的拒絕，從而可以更好地鼓勵自己去堅持。舉例來說，假設你銷售產品給客戶，十次可以成交一次，成交後你會有五萬元的單子。那麼也就是說，你每次被拒絕都會賺五千元，沒錯吧？如果我們可以換用這樣的心境去面對每一次的拒絕，我想成功一定離你不遠了。加油吧！

078 一切以制度說話

想像一下：一個母親她有五個孩子，其中有兩個孩子非常優秀，另外三個孩子可能不是很用心去學習。如果你一直關注那三個不用心去學習的孩子，可能用心學習的孩子在沒有得到關注的時候，也開始懶惰起來了。

手心手背都是肉。在這個過程當中，要用不一樣的心態。就像《孫子兵法》中說的「視士兵如愛子」，視士兵如愛自己的孩子，把士兵當成自己的孩子去看待。更重要的是，如果你一直鼓勵壞孩子，那好孩子也不願意努力了。

舉個例子，你考核你的員工，他都沒有過，你還是繼續未按照制度來走。那是不是意味著你在對別人說：員工考核過與不過都沒有關係。我的理解是：一切以制度說話，關鍵時刻有彈性，平常時刻按照制度來。今天只要有一個人因為不打卡，主管可以隨便簽，還讓他拿到全勤獎，那不是鼓勵更多人不準時上班嗎？

在經營企業過程中，一個領導者一定要懂得，並不是用個人的喜好或愛惡去分辨說，我覺得應該再多給這個員工一點機會。

我們講情理法的道理，中國很多的領導都先講情，再講理，理不行了才用法去執行。美國為什麼會大？在金融海嘯面前，為什麼在這麼短的時間崛起得這麼快？有很多值得我們去思考的事，他們把法放在最靠前。法理情，他們很重法，不犯法基本上就可以在法的範圍之內講理、講情。

可能很多時候有不同的處理方式。就像你是一個游泳教練，你教他，他不一定願意把手伸出來，那你花這麼多時間救他的話，搞不好你跟他一樣溺死了。

所以，我建議要思考一下，並且重新整合公司的管理制度、考核制度。重要的是，制度是人制定的，通常破壞也是由人開始的，所以一定要嚴格執行到一定的高度，這才是最重要的。

079 時機比時間更重要

《易經》說：「時乘六龍以禦天。」這句話的精髓在於第一個字「時」，它是時機的意思。我認為時機比時間更重要，因為我們做任何事情必須掌握對的時機點，才會有好的效果。

「六龍」又是什麼意思呢？洛陽有一個古文物被挖掘出來，是一位天子駕六匹馬。試想一下，當一個人駕六匹馬，難度是很大的，平衡感和操控性要非常好才行。「以禦天」就是你可以去彰顯你的外在世界，你能夠去做更好的引領、去擁有或得到更好的。

所以，如何才能更好地去彰顯自己，讓生命更加精采？關鍵點不在於「乘六龍」，而是在一個合適的時機乘六龍。時機比時間更重要！

如果一個人他此刻不需要忠告，你卻給了他忠告，搞不好他是接受不了的。畢竟忠言逆耳嘛。所以，給忠告的時機點比給忠告的態度來得重要，做任何事情必須掌握時機點。

舉例來說，一個員工來到一家企業，為了升遷，他在公司裡面努力做了三年，這時候他認為時間到了，他覺得公司應該升我的官、發我的財。一定嗎？不一定。因為升職並不是個時間的問題，更重要的是自己的能力是否能夠勝任新的職位；以及一個更加合適的時機，比如在你為公司簽成了一份很重要的合約之後。我常講：「老員工並不是工齡久，而是持續有貢獻。」

誠摯邀請你思考一下，你的成長時機到了嗎？往上走一個台階的職位時機到了嗎？如果還沒有，別急。記得「時乘六龍以禦天」，告訴自己，做任何事情，在跟任何人互動的時候，掌握對的時機點，你才能夠做到事半功倍。

我總是相信，人生是一連串的引領與創造！我們要不斷地把每一天的生活過好，同時也要能夠在不久的將來，活出更豐盛的未來。那如何做到呢？其關鍵在於，我們必須要瞭解階段性的「關鍵戰役」，瞭解之後，便會有精準的選擇，之後戰勝之，我們的生命就會上一個更高的台階。

此刻你不禁想問，何為關鍵戰役？

答案很簡單，請試著問自己，如果我的生命想要更加美妙，那麼現階段對我最重要的事情是什麼呢？如果生命真值得活一回，那就請規畫一個能為您帶來源源不竭的動力方向，在這個方向當中，規畫出一步又一步、一個階段又一個階段的「關鍵戰役」。一旦我們做到了最重要的事情，打贏了這場戰役，我們的生命即將有不可思議的逆轉，然後穿越這個階段的能量，達到更高峰的能量狀態。

所以，當你清晰瞭解自己要做的事情是什麼時，你就能夠不斷地去達成。那麼在不久的將來，你會站在不可思議的高峰，再回首時，你會發現自己的生命是如此的有意義。

080

做生意不能太感性

有一位女性，做了十年的會計，現在覺得上班沒有挑戰性了，想自己創業。她問：個人創業要具備哪些品質？不清楚做哪一行比較好？也不知道現在創業是否正確？請求指導。

首先，我覺得她有很好的遠大理想去追逐，這是非常好的。再者，她要去思考一個重點，今天不管她是在哪個年齡階層想創業，重點是創業維艱，守成不易啊！至於她要具備什麼樣的特質，我先從她的背景開始分析。如果是會計人員，想要成為一個老闆，最重要的一個特質就是要學會不一樣的廣泛思考。

舉例來說，一個銷售員要走到高層，他可能最大的問題就在於一切以業績為導向，因為銷售是拿業績的！他的成長背景會影響到他做決策的過程。因為職業習慣，他可能忘了成本考量；因為職業習慣，他可能忘了更長遠的布局，也可能忘了人無遠慮、必有近憂。今天若你是會計人員，你想更好的創業，首先你要培養一種大格局的思考。別總是想著，我付出多少，馬上收回多少，這是成本的事。

記得我曾經幫一個餐飲企業做內訓，然後他們提出要在中秋佳節推廣月餅。於是他們就讓我看他們的行銷計畫如何。我就發現，老闆的思路跟這個財務總監的思路，兩者就不太一樣。

財務總監看的是：這個東西做出去成本是否太高。而作為老闆，第一個要大格局思考，看得遠就是大格局思考。第二個要穩，做任何事情一定要穩。第三，套用曾仕強教授說的一句話，要有一種有情有義的狠勁。

如果你要合夥創業，一定要做到「生意歸生意，朋友歸朋友」。不要為人情所累，這是蠻重要的。記住三個字：「穩、遠、狠。」當然，還有個很重要的概念，千萬不要因為想多賺點錢而創業。如果你為了餬一口飯或者是多賺點錢去創業，效果不會太好。

要為了興趣而創業，這裡面包含著理想，包含著多賺點錢，那才是完美的。至於選哪個行業好，那要看你喜歡什麼行業。再者，我建議要做更多的研究。最後一句話送給你：寧可事前後悔，不要事後後悔。

做生意不能太感性，必須要有一點悲觀主義，因為生於憂患，死於安樂。當然，對待生活還是要樂觀些。

081

合夥創業，公私分明

有一個朋友說：「我現在在鄭州做外貿，每天早出晚歸，幾乎是兩點一線的生活，我覺得這不是我想要的生活和工作。正好我同學想找我創業，他也是做外貿的，他出資，而且能去好多地方，我很想和他一起創業，擁有豐富多彩的人生。可是有人說，最好等他做得再大一點再去，還有人說最好不要跟同學或朋友合夥開公司。我不知道怎麼辦？我很想追求自己想要的生活啊！謝謝老師指點。」

當然，追求自己想要的生活是非常好的，但同時還要記住幾個重點。我是這樣回答這位朋友的：

第一個，你想做生意或創業，不是不好，而是，不是因為想去很多地方才創業，這不是你想創業的核心動機。因為這樣想會有危險的。有一個圍城理論相信大家都知道，就是在裡面的人想出來、外面的想進去。也就是說，可能有人談戀愛談久了他想要單身，單身之後他又想談戀愛。

第二個，不要說等同學或朋友做得再好點再說，其實這些角度都不是完全正確的。最重要的是，你要去思考，你為什麼要創業？你想創業的原因到底是什麼？你的動機是什麼？想要去很多地方，邊旅遊邊長見識，這是其中之一，但不是全部。你可以列出你想要的生活模式。

我跟很多朋友都分享過一個概念：動機會決定動力。為什麼很多人很慢才改變，就是因為他動機不夠強烈。所以我建議，你要想清楚，你為什麼要創業？你想要的生活是什麼？當你想清楚了，動力就會出來；當你想清楚了，潛能才會被激發。

第三個，你今天跟同學創業的時候，你能不能掌握到一個創業的規則，就是生意歸生意、朋友歸朋友。你要是不能掌握這個規則，恐怕到最後生意做不好，朋友也失去了。因為你喜歡跟他跑的是過程，那萬一跑來跑去沒有什麼成果呢？

記住這個很重要的大前提，就是：把好話跟醜話都說在前頭。你們所做的，要符合一切公事公辦的原則。可能要確認協議，可能要把職權分清；包括你占多少股份，你要不要投資，你是出技術股，還是出資金股，還是兩者都有，這都要說清楚的。

中國人就是有這個壞習慣，太愛面子了。關鍵時刻總愛說：都是老交情了，到時候再說吧，我知道你不會虧待我。可真正鬧分家的時候，不是虧了多少錢，而是因為賺到錢而鬧分家的。這是很多家族企業或者是很多朋友一起創業時真正遇到的一個隱患。

再者，你能不能拿出更好的商業計畫？你在做外貿時，能否做更好的市場評估、機會管理，連風險管理都把它考慮進去，再決定要不要這樣做。這是很重要的，謀定而後動，三思而後行。

總結一下：親兄弟，明算帳。重結果，也重過程。

給大家講個《小馬過河》的故事。有一天小馬過河的時候，去問牛伯伯，這河水深不深？牛伯伯說：「只到我膝蓋。」他又問小松鼠，小松鼠說：「哎呀！太深了，前兩天我一個兄弟剛掉下去淹死了。」所以，你這事也不能老問別人，不能人云亦云，你得認真地去考量自己的感受，是吧？

其實，不管一個人成功或失敗，當失敗的時候，別人只會為你難過一時，但是真正難過的是你自己；當你成功的時候，別人也只是為你高興一時，真正高興的，還是你自己。所以，為自己而活，同時為別人著想。

記住：不要活在別人的嘴巴裡面，有些建議可以聽，有些建議是不能聽的。順從你內在的聲音。

082

正面迎接難題

在創業過程中，比如生意不太好，而且做生意的錢也是找朋友借的。可能很多有創業經驗的人都會遇到過這種情況。那麼這種情況下，你會做怎樣的打算呢？是放棄，重新去找份工作？還是正面迎接你的難題，找出解決辦法？

不管怎樣，我都建議你先思考一下，業績不好的原因究竟在哪裡？再來是，你能不能去研究一下，花點兒時間站在別人的店鋪或者進去看一看，看人家為什麼生意比較好，他們是怎麼做的？你也可以在店鋪附近發一發傳單，或者是透過更好的一種顧客記錄的方式，讓老顧客幫你帶新顧客。

我們曾經輔導過一個火鍋店，他們的服務非常厲害，把很多的細節做得非常好，在很多的小細節上幾乎沒有任何毛病。可能你吃一頓火鍋，可以拿到他們送來大概五、六次的毛巾；你手機放在旁邊，他們就會立刻幫你裝到袋子裡面等等。所以，用心是可以找到很多答案的。

這就是我想講的重點：在每個環節上去精進，我相信會有不同的答案。永遠不要以黑與白來思考，而是要思考，我接下來要怎樣做更好的突破。

當你要支持下去的時候，你要設停損點，瞭解你還有多少資金可以用，因為創業過程中，資金的作用是非常重要的。有好多企業並不是沒有好的點子，並不是沒有很厲害的執行人員，有時候往往是卡在資金上，導致無法有更大的發展。

一個企業的成功，不外乎有三個條件：第一是資金，第二是人，第三是知識。這三個是非常重要的。建議你從這幾個不同的角度，去找適合的解決方案。

083 立定志向去學習

「玉不琢，不成器；人不學，不知道。」出自《禮記》。現在玉的價錢飆漲得飛快，我自己非常喜歡收藏玉，我覺得玉之所以會有價值，其實跟雕刻師傅的功力與心境是有關係的。所以，一塊再好的玉石，如果沒有經過精心雕琢，都很難成為一件收藏品。

我們人又何嘗不是呢？一個人，不管他的天資如何好，如果不用心去學習，都不會在自己的領域有很好的業務水準，也不會懂得博愛、寬容與道義。沒有人天生會開車，也沒有人天生會演講，要成為自己想要成為的人，我們都必須要經過學習和訓練。

有一則寓言是這樣的：

一天，石階上的一塊石頭問被雕刻成佛像的石頭說：「我們原本都是一樣的石頭，憑什麼人們把我踩在腳下，卻又跪在你的面前呢？」

佛像說：「我和你確實是一樣的石頭，可是你只需要六刀就做成了台階，而我卻經受了上千刀。你當初不願意嘗試痛苦的煎熬，當然不配得到人們的尊重。」

是啊，一個不敢迎接風雨的人，哪來的福氣去欣賞彩虹呢？學習的過程一定充滿了困難與挑戰，甚至有時會有很煎熬的時候。但這都不要緊，只要我們心中有夢，向著夢想的地方前進，面對困難的時候，多些勇敢，多些忍耐，我相信我們都能夠逐夢成功。

人生就是一個不斷學習、不斷戰勝自己的過程。學習使我們體悟成長，感悟人生，助我們走好人生的每一步，繼而去迎接自己靚麗的人生。

「非學無以廣才，非志無以成學。」這是諸葛亮在《誡子書》中的話。我們都知道學習的重要性，學習可以讓我們增長知識和見聞，拓寬我們的視野，如果我們沒有明確的目標，沒有遠大的志向，就算學的再多也是無用的。

知識是有折舊率的，就像你不可以用十年前的地址去找現在的路。所以，很多學者都提出來，如果一個人一年不學習，那麼他擁有的全部知識將會折舊百分之八十。相信大家都有這樣的經歷，很久沒有拿筆寫字了，再寫的時候，好多字都忘了怎麼寫了。曾經學過的英文單字，隔一段時間就忘了如何拼讀和記寫。這些現象都表明，知識每天都在折舊。然而時代在飛速地發展著，所以，我們要不斷地更新自己的知識庫，要對我們有用的資訊時常關注和學習。

「非志無以成學」是說，如果你想要成為某一領域的專家、達人，其關鍵點是：你必須立定志向。就像我曾經提到的一個觀點，最好的不是學以致用，而是用以致學。你想走到哪裡，你要很清晰。

令我慶幸的是，我早早地找到了我熱愛的職業——演說家。有了這個目標之後，我便開始關注所有有關的課程及資訊，堅持每天練習演講。在這過程中，看了大量的教材，我心中很清楚，我學這些是為了什麼，是為了去實現自己的目標。這樣一來，就不會盲目地去學習，有了夢想，就會以歡喜心、甘願做的心態去面對一切。

所以，有兩個重點與大家共勉。第一個，堅持去學習；第二個，找到目標。時常想一下，自己到底想要成為什麼樣的人？想為這個社會做些什麼樣的事情？我想會幫助你更好地學習。

084 終身學習，隨身學習

《論語》中有個經典語錄：「敏而好學，不恥下問，是以謂之『文』也。」我常講我們要努力成為兩種俱樂部的成員，一個是終身學習俱樂部，一個是隨身學習俱樂部。

「敏而好學」是要我們對萬事萬物多一份敏銳的觀察，多一顆好學的心。就像看電影，我常常聽到有人抱怨說，某部電影真的太難看了。其實，只要放下心中那份自以為是，我們都能夠從中得到一點啟發，學到一點東西。學習是可以無處不在的，只要我們懷著一顆有覺知的心，一顆謙卑的心，你會不難發現，每個人身上，都有值得自己學習的地方。

有了「敏而好學」的心境之後，更要有「不恥下問」的態度。《論語》有云：「三人行，必有我師焉。」每個人的知識量都是有限的，這世界發展得如此之快，有太多的知識我們無法及時更新，如果我們以高高在上的姿態自居，以向身分跟學識不如自己的人請教為恥，我相信你會被時代遠遠地甩在後面。

人們都想永葆青春。歲月改變了我們的容顏，改變不了我們的心，只要我們保持一顆純良的赤子之心，我們的心靈就可以做到永葆青春。然而，好奇心會讓我們有更好的年輕態，所以，每當生活中出現了自己不懂的事物，不恥下問地虛心學習吧，相信你會活出更多的豐盛與精采。

我們每個人每天都在學習吸收著不同的知識和資訊，然而在學習的過程中，如果只會死讀書，而不去思考，我們將無法使知識轉化成有用的智慧。因此，學習任何對你生命有益的知識，都必須要善於思考並將其活學活用。

我非常喜歡一句話：聰明是一種反應，而智慧是一種選擇。在我們的一生中，總是要面臨選擇，在學習中，我們要學會如何去做正確的、智慧的選擇。這就是孔子所告訴我們的：學而不思則罔。

那麼，思而不學則殆呢？假設一個人只會思考，卻不去讀書、學習，我想他的思想無法得到提升，那他的思考只能變成空想。所以，我一直強調一句話：成長比成功重要。如果一個人沒有持續的成長，他的成功就會停下來，他的人生就將開始走下坡路了。

讀書為何如此重要？我聽過一句話，覺得有理。這句話是這樣：我們看什麼樣的書，學什麼樣的思想，就會成為什麼樣的人生命運。一本書通常記載了很多成功人士的心血，有他們在經歷了很多事情之後的體會，也有他們看待人生很高的思想境界。然而，只要投資幾百塊錢，就可以收穫他幾十年生命當中的智慧總結，那是一個何等划算的投資啊！

我們的生命與我們所遇到的人、所看的書有絕對性的關係。歌唱家不是天生就會演唱，演講家也不是天生會演講。他們都需要經過「學習——思考——實踐」這樣的過程不斷地去訓練自己。所以，多讀書，多思考，擴大我們成長的範圍，讓我們的智慧得到更好的昇華，讓我們的生命遇見更多的精采。

《禮記．中庸》十九章有云：「博學之，審問之，慎思之，明辨之，篤行之。」所講的是學習的幾個層次，也是學習過程中遞進的幾個階段。

首先「博學之」，意為在學習中先要廣泛的獵取，培養一種好的學習習慣和對知識的好奇心。博覽群書可以讓我們的視野更開闊，從而幫助我們跟別人更好地交流。

記得有一次，我去一個很重要的客戶的辦公室談合作，走進辦公室，我看到牆上掛著一幅字，上面寫著「後赤壁賦」，我跟他說：「請問一下，經商跟赤壁之戰有什麼關聯性嗎？」他忽然很興奮地看著我說：「你有讀過《三國》嗎？」然後這位企業家就開始跟我講關於經商跟三國的關係，他說，經商的最高境界就是要學會以少勝多，甚至達到無中生有。

那是一次愉快的交談，我很高興我找到了一個好的話題，並且能夠跟他做很好的交流。我想如果我沒有讀過《三國》，那天的談話應該不會如此順利。那天，我簽下了訂單，並且跟那位企業家成為很好的朋友。可見，第一個階段的「博學之」還是很重要的。

「審問」為第二個階段。在看書的過程中，難免會有我們無法理解的學問，有所不明就要追問到底，要對所學報以懷疑的態度，畢竟盡信書不如無書。

「慎思」為第三個階段，在審問之後，我們還要自己去思考、分析。思考是個很重要的過程，這是將書本上的知識轉化成自己的關鍵步驟。

「明辨」為第四個階段，在追問跟懷疑的過程中，我們要學會去辨別哪些觀點為正、哪些觀點為偽。我相信，學問是越辨越明的。

「篤行」是為學的最後階段，我們要做到「知行合一」，我們的所學最終要被我們所用，知識才會變成自己的禮物。「篤」有忠貞不渝、堅持不懈之意，只有那些有明確的目標、堅定意志的人，才能夠真正做到「篤行」。

最後，鼓勵正在看這段文字的你，人生總是伴隨著學習和成長的，若想讓我們的生命更有品質，就要先提升我們的學習品質。如何提升呢？溫習一下儒家學說很精闢的總結：博學之，審問之，慎思之，明辨之，篤行之。

085 成長道路上的七個迷思

我始終相信並持續落實一個黃金信念，即「成長比成功更重要」！因為宇宙的的真理之一就是擴張，所以，唯有持續成長，才能帶來更長期的成功。再者，如何跨越成長道路上的迷思，是活出因持續成長而精采一生的必修學分。

（一）自以為是的偏見

是什麼阻礙我們無法得到更多豐盛的成果呢？我想是因為我們成長的速度不夠快，或者成長有所偏差。那如何能夠破除成長偏差或成長速度不夠快呢？其關鍵就在於：要審視你是否帶著「我知道了」這樣的認知去學習。

例如，當你聽到了一個很棒的觀點時，你說「這我知道」，「這我早就知道了」。我想試問一下，知道等於做到嗎？這世界上不缺大道理，只缺將大道理做到的人們。知道是一回事，做到又是一回事，就如同我們知道，健康的身體必須有良好的運動習慣，或者有良好的飲食習慣，那試問一下，您的飲食習慣與運動習慣已經是最良好的嗎？

所以，如果我們無法破除自以為是的偏見，只停留在意識上的學習和邏輯上的理解，是無法真正幫助我們做到的。我認為成長比成功更重要，所以我們應該真正做到持續的進步，持續地擁有更好的見解，進而能夠讓生命有更好的提升。

溫馨提示：如果想活得更加精采，請活在更高的覺知當中，請先破除自以為是的偏見，那麼你的成長是指日可待的。

（二）總想改變別人

在我十年的培訓生涯當中，我總是不斷地去觀察，每一個人在學習與成長的道路上，會有一些自動反應的行為。後來我赫然發現，有很多人雖然掌握了能夠使自己生命活得更加精采的一套體系與學問，卻往往改變的效果不夠大。其根本原因就在於，學習的目的總想去改變別人，我認為這要從根本上去做調整的。

如果你想要改變別人，意味著你是沒問題的，然而，《大學》裡面提到的「大學之道，在明明德，在先親民，在止於至善」，說的是大學的宗旨：在於弘揚光明正大的品德，然後推己及人；在於使人棄舊圖新；在於使人達到最完善的境界。但很多人都反其道而行之，都想先「親民」，或者根本不想要「明明德」，「親民」的一層解釋就是去幫助別人或者改變別人。然而，《大學》講的第一個關鍵點卻是「明明德」。

其實，全世界最需要幫助的永遠只有我們自己，全世界最需要改變的永遠也只有自己。別忘了，只有我們自己有了更好的改變、有了更好的轉型、有了更好的成長，世界才會因你而改變。

所以，先讓自己變得更好吧！就如同準備參賽的歌手，當他有更好的狀態、有更好的蛻變、有更好的穿越，才能去帶動和影響更多的人，不是嗎？放之四海皆準，所有的成長並不是要去改變別人，而是先讓自己變得更好！

（三）總想一步登天

很多人學習的心態是相當有趣的，總想學完之後就立刻改變。試想一下：如果你上完三天課，就搖身一變成為千萬富翁或者億萬富翁；或者你上完了一個身心靈的課程，三天之後直接涅槃，成為耶穌，成為佛陀。那麼試問一下，這樣的課程應該向您收費多少呢？五百萬？或者應該更高吧？

所以，請相信飯要一口口地吃，事要一件件地做，成長也必須一步一步地來。更重要的是，當我們進入這個課堂學習的時候，並不知道我們帶了多少舊有的習氣，還有根深蒂固的一些舊觀念。然而三天要完全破除潛意識中不好的記憶，是不太可能的，唯一可能的是，你可以用好的方法，去不斷地清理自己。

何謂「十年磨一劍」？何謂「台上一分鐘，台下十年功」？時間是幫助我們更好成長的關鍵鑰匙，當然，大前提是要用對的方法去印證、去練習。總想一步登天的人們，就會不斷地去尋找更多的課程來上，而忘了有時候持續地照做、練習和複習，才能夠有更好的出息，不是嗎？

（四）過於重視技法而非心法

很多人總是在想：我不要務虛，我要務實。請給我方法，如何把事情做得更好。然而，若你有很好的技法，卻不懂其背後的原理，沒有做到知其然又知其所以然的時候，有可能我們會走偏的。

試問一下「武德」重要還是「武術」重要？「醫德」重要還是「醫術」重要？「德」即「心法」，是一種內在的品質。所以，當我們在追求「術」的極致的時候，別忘了「道」的境界的提升。

陰陽需講究平衡，再好的「術」如果沒有好的起心動念和更好的內在品質，有可能就會有某種程度的走火入魔。因此，讓我們在心法的基礎上取得最好的平衡吧！

（五）一心追求「道」的到來

每每當我聽到有人說，我追求「道」已經二十幾年了。我會有一個疑問：當一條魚離開水去找水的時候，是不是挺奇怪的一件事呢？《中庸》講：「道不可須臾離也。」我們不可能離開「道」片刻，那我們還幹嘛要離開「道」去找「道」呢？道是無處不在的，道是一個無形的力量，道是一種能夠幫助你回歸精采生命的宇宙真理，靠的是一份體驗，靠的是一份感悟。

所以，如何與道合一，的確需要有些法門來協助。更重要的是，我們本身就是道的延伸，如同天有四季，人有四肢，一年有十二個月，我們有十二個經絡。我們就是宇宙的縮小版，簡稱為小宇宙。然而，如何讓小宇宙和大宇宙和諧地共振，如何達到天人合一而非天人交戰，的確是有法門、是有鑰匙的。

在此溫馨地提醒：切勿有一個根本上的錯誤，想離開水去找水，想離開道去找道。再次強調：道是無處不在的。

（六）一切只為了物質上的成功

有很多的資訊只是一味地告訴你，賺到更多錢是很重要的，事業更成功是很重要的。是的，有更好的成功事業，有更好的金錢上的豐盛，我認為有一定的必要性，但不代表有唯一性。難道你生命的目的和意義就是為了掙遺產、掙頹廢的資本嗎？難道我們學習的目的，就是為了攀比有沒有更多的年收入和更好的營業額嗎？如果答案是否定的，那麼如何在企業發展與擴大營業額兩者之間找到平衡，是值得我們去思考的。

為什麼現在有很多的黑心企業、黑心產品？這是因為，一心只追求物質的成功。僅用外在物質的成功來衡量一個人，看來是不夠的。

去探求生命的意義和價值，或許是二十一世紀的領導者或成功人士要去思考的。所以，請將目標設定為：不是一心追求物質的成功，更重要的是心靈力量的成長。

（七）為了攀比精進的高度

試想一下，一對父母親，想讓孩子的成績有更好的提升，卻只是為了滿足自己的面子，那孩子會不會有更大的壓力呢？答案是肯定的。簡單地說，成長的目的並不是攀比，而是要不斷地跟自己比。更何況「比」是兩個匕首，是有殺傷力的，不是嗎？所以，請不要跟任何人攀比，或許我們可以有榜樣的力量，但只是藉此來完善自己，絕非為了攀比。

我們要不斷地問自己，結果和過程哪個重要？答案是：過程比結果更重要。如果在過程中少了喜悅的心，那麼所到達的目的地也就失去了成長真正的精義，也就過於目標化和過於結果化了。喜悅的過程才能達到喜悅的成果，不是嗎？

若忽視了過程中的點點滴滴，只一味地追求成果，恐怕會帶給我們更大的迷思。所以，我鼓勵你，讓我們都帶著一顆平靜、喜悅的心輕裝上陣吧，在成長的道路上不斷地完善自己，直到永遠。

086
老闆最不能接受的五種人

親愛的朋友們，你們知道老闆最不能接受哪五種人嗎？今天我們就來一起談一下。我到大陸創業已經有十多年的時間了，也去過很多地方，當然也跟很多老闆接觸，自己也開公司，也輔導很多企業。我就發現了老闆們最不能接受的五種人。如果你把這個搞懂了，你的職業生涯會很長，會活得很幸福、很快樂，而且升職速度會飛快。第一，不用跳樓；第二，不用被老闆炒；第三，不用自己頻繁地換公司去適應。

老闆最不能接受的到底是哪五種人呢？

第一種，在跟老闆互動過程中，永遠不能嬉皮笑臉，尤其是犯錯的時候。老闆最在意的是什麼？允許我開一個小小的玩笑，所謂老闆，就是老是板著臉。

老闆其實要的是什麼？難道老闆開一個公司，他是為了讓你玩嗎？讓你嬉笑嗎？不是。是讓你嚴肅認真地去面對。老闆並不是開慈善機構，更不想以所謂的倒閉收場。老闆們要的是越做越好，他必須捍衛他的品牌，他必須捍衛公司的聲譽。孔老夫子說「君君臣臣，父父子子」，可見職場倫理是非常重要的。

今天你用微笑，那不算。但是如果你用一種嬉皮笑臉的態度去隱藏你犯的錯，那就是大忌。所以記住，你要先瞭解老闆的個性是什麼。如果老闆是個愛笑口常開的人，那麼你可以輕鬆一點，但是不能嬉皮笑臉。

第二種更重要，永遠不能有欺騙的行為。我常說：欺騙老闆等於是給自己高尚的品德扣分。就像《中庸》講的那個概念：君子要慎其獨！請謹慎地與自己獨處。不能人前一套，人後一套。老闆不在的時候，你就說老闆壞話；老闆在的時候，你就歌功頌德。

有的夥伴說，我不知道怎麼跟老闆溝通啊！其實很簡單，有一說一，有二說二。千萬不要去掩蓋你的錯，因為錯就像傷口一樣，你必須讓它見陽光，如果你不讓它見陽光，它就會慢慢腐爛掉。如果今天你去做一個你不喜歡做的工作，你等於是在透支你的靈魂！靈魂一點一點透支是一件很可怕的事！

第三種，不能貪。看這個「貪」字怎麼寫：今天為了一點貝，然後就很背！我們都知道甲骨文中「貝」是當錢講。以前都是用貝殼來做交易，因為那時候沒有錢！所以，我很直接講，只要我看到一個員工，他喜歡趴在桌子上吃飯，這種員工在我心中都會打個問號的，所以我建議不要貪。

要學會看遠一點。如果一個小時就要回報，那叫鐘點工。當然，我不是說這樣的工作不好，而是說，如果想要更好的發展，就要把眼界放遠一點，是你的就是你的，強求來的終究還不是你的。

第四種也很重要，老闆最不喜歡的就是，行動在思考之前的人。

永遠記住我講的這段話：兩種人在公司是不會有成就的，第一種人是只會做主管交待的事；第二種人連主管交待的事都做不好。行動在思考之前，腦袋一拍就去做了。領導說一到五，結果他只做了一，因為老闆還沒有講完，他就跑出去做了。

第五種，就是不願持續學習成長的人。套句孔老夫子說的，「老而不死謂之賊也」。什麼意思？這個「老」不是說是老人家，因為「家有一老，如有一寶」。這個「老」跟老師的「老」都是在講，你有沒有不斷地成長。所以，公司最不能接受的人之一，就是倚老賣老，恃寵而驕。

你們知道領導者最頭痛的是什麼嗎？打天下的是一群人，坐天下的可能需要另外一群人。因為公司階段性地要成長、要變革，你跟不上來是會出問題的。

所以，不要當「老而不死謂之賊」那個，要學會瞭解一個很重要的概念：老員工的定義不是資歷久，而是對公司持續有貢獻。這也是我在很多地方跟很多中高層主管分享的。只要你永遠把每一天當成第一天上班，你就不會那麼油滑。因為，第一天上班通常是最認真的，也是最謹慎的。

可是，生活和工作中，很多人充滿了抱怨，不停地抱怨，最後就變成沒有行動力的人了。我們去想像一個畫面：當你抱怨的時候，問題可以解決嗎？解決不了。所以，有句諺語這麼說：如果抱怨可以解決問題，那就去抱怨吧。

087 提升團隊效益八個祕方

一個人可以走得很快，而一群人可以走得很遠。但前提是這一群人有大的共識，進而產生正向的效益！故如何提升團隊效益，乃是每位領導者的核心工作之一。正因為如此，現在就深入掌握這可以大大提升團隊效益的八個祕方吧！

（一）注重公正而非公平

公平與公正之間的區別在於：公平是個人的角度；公正是以大局為重，天下為公，同時是注重長遠發展的，是以企業文化為出發點的。

人們往往會糾結於個人的公平，「這件事情應該這樣……」，「這件事情不應該這樣……」，「為什麼老天爺對我如此的不公平……」。我想說的是，其實這世上沒有絕對的公平，只有相對的公正。

人類是群居動物，我們無時無刻不生活在某一個集體中，譬如在工作中，當我們用個人的公平來看公司高層為了整體的公正而做出的調整時，可能會有以管窺天或看不清楚全域的可能。如此一來，一時衝動的你，也許會消極怠工，也許會辭掉工作……或許之後的某一天，你會頓悟，其實當初的決定反而讓自己失去的更多。

所以，人生往往比的就是那個品質的覺知。當我們能夠換位思考，用更高層次來看整體的公正時，或許我們就越能夠拿出更好的配合度與更好的執行力，這樣才會使公司和個人都達到雙贏的狀態。

（二）「管理」是管事理人而非管人理事

我始終相信，如果領導者一直用管人的態度去跟員工溝通，反倒會出問題，甚至是很大的問題。因為人是不能管的，引領人心才是上策，畢竟「得民心者得天下」嘛！

在管理團隊的過程中，需要注意的是：人人有事，事事有人。同時要注意，在讓人把事情做好或者把事情做到極致的過程當中，人心是有變化的。基於這樣的一個前提，如果我們用「管」的方式，勢必會給員工造成一種「高高在上」的感覺。

而在培養團隊革命情感的過程中，人心是需要用高超的手法來引領的；需要引導的是隊員的內在價值觀和信念，讓每一個人與公司的企業文化達成同步的基調。如此一來，將人心理順了，加上好的管理機制，將「事」給管好，那麼提升團隊效益就指日可待。

（三）少問「為什麼」，多問「如何」

當我們問「為什麼」的時候，容易為自己尋找藉口，例如「你為什麼會遲到？」「因為塞車。」所以，問「為什麼」其實是將對方的注意力拉回到過去的時空，我簡稱為「過去導向」；而問「如何」是把對方的注意力拉向未來的時空，我簡稱為「未來導向」。

我總是相信，一個想要成就更高生命價值的人，是需要未來導向的。所以，不要問：我為什麼這麼倒楣？而要問：我如何才能活出更豐盛的未來？將「我為什麼沒有……」變成「我如何才能有……」，這微妙的變化可以為我們帶來很大的收穫。你會發現，當你把焦點放在「如何」的時候，就能夠不斷地提升自己內在的正能量，也可以帶動更好的管理績效，進而使團隊效益提升。

（四）改革不是一時的，而是永久的

我們生活在一個變幻莫測的世界，不論是的競爭對手還是公司夥伴，都是隨時變化的。基於這樣充滿變化的環境，如果想要在公司進行改革，就不能只是一時的，而是需要進行持續的調整。

在調整的過程中，需要領導者有一顆覺醒的心，有一顆如履薄冰的心，有一顆不能放鬆標準的心。這樣可以幫助領導者去做更好的觀照，遇到不同的問題，能夠及時去做更好的處理，時刻保持著一種警覺的洞察力。只有這樣，才能使夥伴們擁有更好的狀態，讓企業邁向更高的高峰，讓團隊效益持續發燒！

（五）我是球員而不是球迷

球員跟球迷最大的差別在於，球迷看完球賽就會離開，而球員則會持續地為這個球隊盡心盡力付出，因為自己是這個球隊很驕傲的一份子。

再者，球員是有錢領的，而球迷是花錢的人；球員全力以赴地在場地中央盡情地揮灑他的實力與價值，而球迷只是在旁邊加油吶喊罷了。

所以，領導者若想讓公司持續地獲勝，必須進行階段性的改革。而在改革的過程當中，最重要的成功因素在於：將每一個人都變成是改革運動當中的球員，而不是球迷，更不可能是裁判。讓每一個夥伴都參與進來，試想一下，大家緊密團結在一起，使團隊的業績有了很大的提高，並朝著正向的方面發展、邁進，最終走出康莊大道，那感覺應該會很棒吧？

（六）在「小題大做」及「大題小做」之間取得平衡

我始終相信，「管理」就是管事理人，然而，把小事做好就等於做大事，因為細節決定一切。倘若平日裡我們不是隨時提醒身邊的夥伴將每一件小事做好，而是等到出了大漏洞才去埋怨，事情只會越來越糟！所以，我認為妥帖的做法是：當我們發現公司夥伴在一件小事上沒做好時，我們應該學會「小題大做」，讓其知道牽一髮而動全身、環環相扣的道理，需要讓他意識到，一個點沒做好，其影響面是很大的，甚至是很長久的。

例如在跟客戶打電話的過程中，狀態不夠好，甚至電話鈴響超過三聲再接，都會帶給客戶不好的印象；然而，因為這所謂的「小事」，為公司所造成的影響，很有可能是巨大的。所以，當公司夥伴在小事上沒有做好時，我們需要「小題大做」。反之亦然，若公司真的面臨大問題時，請趕快滅火，多說無益，因為那絕對不是追究責任的時候，而是需要眾志成城地去解決問題。

最後溫馨提示：若想提升團隊的效益，請學會用心，時時用心、事事用心，必須以更好的耐心為佐料，以更好的溝通技巧為配方，如此一來，無論在「小題大做」與「大題小做」之間，我們都能夠展現更好的溝通品質。

（七）請避免自以為是的傲慢

在從台灣來到大陸，發展培訓事業的十幾年中，我有一個很深刻的感受，那就是：團隊之間的互動，有時會出現某種程度的權力鬥爭。這也無可厚非，因為「人非聖賢，孰能無過」，這就表明，這個世界上，只要是帶著肉身修行的人，其實都是有某種程度的「小我」。所以，會有我執，會有法執，會有某種程度的「貪嗔癡慢疑」。

其實我們都會有自以為是的時候，都想表現出自己最好的一面給大家，有時候覺得自己很了不起，是團隊中最重要的人。然而，當人人都懷著這樣自以為是的傲慢在團隊當中共事的時候，很有可能會導致團隊的整體效益下滑或卡住，讓公司掉入一個很難向上快速發展的泥沼之中。

所以，此刻也誠摯地邀請你，審視一下自己，是否也有自以為是的傲慢？如果我們能夠祈求蒼天，拿走我們身上的一個毒素。或許，這是每一個想往更高處走的人，都想拿掉的那個毒素吧？

（八）尺有所短，寸有所長

「尺有所短，寸有所長」出自屈原的《楚辭．卜居》。尺雖比寸長，但也會有它的短處；寸雖比尺短，但也有它的長處。這句話背後的含義是，任何人都各有所長，也各有所短。我們要善於取人之長，補己之短。

我們都知曉這世上沒有十全十美的人，在一個團隊當中，我們要學會資源互補，就像齒輪一凹一凸，它才能夠完美前進一樣。術業有專攻，沒有人可以擅長所有事，我們要很清楚自己的優勢和劣勢是什麼，並且學會欣賞別人的長處，不要用別人的短處去取笑消遣他人，這是對人最起碼的尊重，也是我們做人必須具備的素質。

所以，在以後的人生道路上，讓自己有更好的心靈格局與心靈力量，坦蕩承認自己的不足之處，同時將自己的優勢發揮到極致。每當看到別人的不足，先去想一下，自己身上會不會也有類似的問題？看到別人優點的時候，也可以試著多向他人學習，讓自己能夠做得更好；這樣一來，便可做到揚長避短，相信你會有更好的發展。

第四輯

士信：轉念導航

若你問我：何為立志修行之人的終生功課？其答案就是，擁有超乎理解的平靜！因為智慧不是向外追求而得到的，而是只要你活出平靜的狀態，智慧之光將會從你的內在油然生起。請試著更用心去理解一句話：「每一個人都有足夠的理由成為他現在的樣子！」

088

知行合一，立即就做

這世界需要轉型成長的人太多，真實持續和願意持續轉型成長的人太少！我始終相信轉型成長的過程是很痛的，但不轉型成長所付出的隱性與顯性的代價是更痛的！所以，說到不如做到，做到不如持續做到！祝您豐盛如是每一天！

《論語》中有一段話：「君子恥其言而過其行。」意思是，君子以誇誇其談為恥，而行動中總是力求做得更好。

在我舉辦「藍海論壇」的過程中，有幸邀請到很多的教授以及國際名師。有我的恩師劉墉教授、著名《易經》大師曾仕強教授、《商業周刊》的創始人何飛鵬社長、《心靈雞湯．女性版》的作者和《祕密》的策畫人之一瑪西．西莫夫等等。他們的演講內容有一個共同的觀點，就是：說自己所做，做自己所說。我在他們的身上也看到了這樣的品質。

他們讓我看到了作為一個演講人非常崇高的使命感，這個使命感是：要對社會大眾負起責任。拿著麥克風站在台上講話，你所傳達的是一種什麼樣的能量？更為關鍵的是，一定要學會從自己開始要求。如果一個人在台上誇誇其談，但自己卻做不到，那麼他的演講只會讓人覺得空洞乏味、缺乏真誠，不是嗎？

《祕密》這本書是我舉辦「藍海論壇」的動力。這本書的作者朗達．拜恩是澳洲的一名電視工作者，有一年，她父親突然去世、工作遭遇瓶頸、家庭關係也陷入僵局。就在人生跌至谷底、生活即將崩潰時，她發現了隱藏在百年古書中的祕密，並且首先讓自己走在自我探索的旅途上；循著這個探索之旅，她的整個人生發生了改變，之後她凝聚了一個超強的團隊，把這個祕密推廣到全世界，帶給全球千萬人喜悅的轉變。正是因為朗達．拜恩落實了《論語》中「君子恥其言而過其行」這個概念，所以在二〇〇七年入選了《時代週刊》全球最有影響力的一百人之一。

在清華大學的禮堂前，佇立著一九二〇級畢業生獻給母校的紀念物——日晷，上面刻有四個字「行勝於言」，是清華大學沿用至今的校風。在此與各位共勉之，願我們都能成為行動的巨人，只有行動能戰勝恐懼，只有行動才能讓夢想成真。

《漢書．禮樂志》中寫道：「臨淵羨魚不如退而結網。」這句話提醒我們，與其站在河邊望著水裡的魚，徒然羨慕，不如回家結張網來捕魚。

生活中很多人羨慕別人的事業成功，羨慕別人的家庭幸福，羨慕別人的大房子、好車子。然而，只顧著豔羨別人，卻不想想如何能讓自己的生命有更好的品質。或者有些人也總是有想法的，卻從來不去付諸行動，每天在各種想法中徘徊，他們不懂得，從〇到一的距離，常常大於一到一百的距離。萬事開頭難，勇於開始，才是邁向成功的第一步。

美國混合保險公司的創始人克萊門提．史東曾說過，對他這一生影響最大的，莫過於他母親從小就讓他遵守的一個習慣——立即就做。從賣報紙的時候起，他就一直遵守「立即就做」的準則；後來他透過推銷保險，訓練了一支非常優秀的隊伍，並成為美國最富有的人之一。

一個好的團隊需要執行力，有想法就要去做，哪怕這想法聽起來荒誕，行動起來，也許奇蹟真的會出現。記得：千里之行始於足下，要勇敢地開始，也要有周詳的規畫與布局。就像富比士的名言那樣：「做正確的事，把事情做好，立即做。」當我們做到這三個層次，我相信成功一定在不遠處。

讓我們用自己的雙手逐出自己的一片天吧！記得，人生有夢，逐夢踏實。

089

一切體驗，體驗一切

我相信，是你的就是你的，不是你的終究還是會錯過。所以，該發生的事情一定會發生的，該結束的事情也一定會結束的。因為，在冥冥之中會有一定的安排。這不是宿命論，而是：你的思想是因，事件是果。

當你的思想品質出了問題的時候，會遇到更多的苦難與挑戰；當你的思想品質是卓越超群的，你就會處於更多的豐盛。

然而也就因為如此，請你相信，我們來到地球的使命之一就是：體驗。一切體驗，體驗一切。在合情、合理、合法，不偷、不侵、不搶的情況下，體驗，用心的體驗是非常重要的覺知。

也正因為如此，學會拿得起，放得下。學會不要把你自己的價值觀與信念體系強加在任何人身上，多一份淡定，多一份隨緣，多一份開心智在。

請讓自己的小宇宙去符合大宇宙的規律震動吧！如果大宇宙有二十四節氣，它是講究時間節奏的，就如同我們有十二個時辰（二十四個小時），在這個時間內，我們的氣血會走到不同的經絡。

這意味著，它有它的規律。

而你這個充滿了大宇宙的真理之小宇宙，我們要掌握的就是，符合那震動的規律，循環的規律，能夠在「因」上努力，在「果」上隨順。那份拿得起、放得下的淡定，是讓你生命能夠開始在愛的天空飛翔的跑道。

090

發現新領地，提升新境界

我相信，當你的境界能夠有所提升的時候，你的生命就可以遇見更多的精采。然而，何為境界？境界是指人的思想覺悟和精神修養。境界不是存不存在，而是你準備好去看到、聽到並遇見了嗎？

好奇地請問：「你去過杜拜嗎？」不管答案是或不是，杜拜早已存在，而且有很長一段時間了，就如同愛因斯坦曾說過的那句話：「想像力比知識更重要！」杜拜的誕生就是因為創辦人有非比尋常的高境界，所以才會化腐朽為神奇。

世界之大，無奇不有。我們人類有探訪外太空的能力。試問：你有用心向內探求你內在的「外太空」嗎？是的，我們有徜徉於海底世界的能力。然而，你有沒有不斷地去探訪屬於你內在那個深不可測、卻蘊含無限豐富寶藏的「海底世界」呢？

當我們不斷地去圓我們人生大夢的同時，我們的境界是在哪一個等級呢？試問自己一下：我的境界有提升的空間嗎？如果有，我準備如何提升自己的境界呢？

然而，這世界所有的一切都是從人們的內在挖掘出來的。所以，內在的寶藏勝過這世界所有一切的寶藏。關鍵是，你能不能不斷地發現你內在新的領地，進而不斷提升你新的境界。

所以，請好好地拓展屬於你內在的新領地。也別忘了好好地思考：我們的境界到底需要提升到哪個高度，就能夠遇見美不可言、妙不可言的豐盛世界。

091

包容挑戰而非讓挑戰包容我們

我總是相信，宇宙是不講道理，而是講平衡的。在這宇宙當中的神聖秩序就是平衡。因為，如果不平衡，生命就會出現更大的問題，出現更大的問題也是為了回到更大的平衡。所以，禮物與挑戰是並存的！

舉例來說，當你透過一個課程或是一本書，擁有了更好的成長體驗，當你拿到諸如此類禮物的時候，你也會迎接更大的挑戰，因為能者多勞，勞者多能。

當你的境界越高，能量場越大，你即將迎接的挑戰也會隨之越大，這是成正比的，這也就是大家在學習過程當中的一個迷思。

很多人總是在想：「當我上完課之後，我學習完之後，我學到更多東西的同時，為什麼挑戰會更大了呢？」如果你有這樣的想法：「當我成長了，我最好不要再遇到問題。」那表示你還沒有真正的成長。

其實，學習與成長背後的真正價值就在於：問題還在那裡，可對你而言，它已不再是問題。

我們要努力去包容挑戰，而不是讓挑戰包容我們。也正因為如此，請永遠記住：當你左手拿到禮物的時候，你的右手就要準備好去迎接更大的挑戰了；也正因為如此，禮物與挑戰是能夠幫助你，讓生命不斷地穿越，達到一波又一波高峰的平衡。

092 餵養心中那隻「老虎」

有一位非常非常成功的人士，在他生命當中幾乎是勢如破竹，持續地獲勝。就在他退休之際，有一次他走進了一家幼稚園，跟一群小天使交流。在聊天與交流的過程當中，有孩子就問他說：「聽說您是一個非常成功的長輩，請問一下爺爺，您是如何做到這麼厲害的？」

這位成功人士就說：「各位小天使們，你們知道嗎？我們心中都住著兩隻『老虎』，這兩隻『老虎』每天都在打架。其中一個是代表著正能量，比如愛、喜悅、豐盛、平靜的一隻『老虎』；另外一隻代表的是負能量，比如恐懼、擔心、害怕、焦慮、總是在糾結的一隻『老虎』。請問一下，可愛的小天使們，每天這兩隻『老虎』在打架的過程當中，到底誰會贏？」

孩子們開始七嘴八舌地討論了，大部分的猜測都是那隻負能量的「老虎」會贏，因為負能量的威力是很大的。然而，其中也有小朋友說：「我想應該是正能量的『老虎』贏吧？」

就在他們爭論不休的時候，這位長者說：「其實，這兩隻誰會贏，關鍵在於，你每天的每一分、每一秒、每一個當下，你在『餵養』哪一隻『老虎』。如果你每天『餵養』的是帶有負能量的

『老虎』，負能量的『老虎』就會不斷地長大，進而牠就會贏過那隻帶有正能量的『老虎』。反之亦然，如果你每天『餵養』的是帶有正能量的『老虎』，那個正能量的『老虎』就會越來越強壯，進而不斷地打敗帶有負能量的『老虎』。」

所以，想要我們的生命更加精采，關鍵在於，你如何不斷地「餵養」你心中那隻帶有正能量的「老虎」。

其實你每天都有選擇權，你必須要讓你的意識更加地清醒，進而向內觀照，切勿因為害怕而失去更多，切勿因為恐懼、擔心而送給自己更多的「不定時炸彈」。最終，讓負能量的「老虎」吞噬了正能量的「老虎」，進而占據你整個心靈。

請好好地向內觀照，就如同我常說的：「向內觀照的人是清醒的，向外觀看的人是睡著的。」好好地每一天、每一分、每一秒去「餵養」正能量的「老虎」，讓你的生命充滿著無限的正能量，就像當你眼睛一睜開的時候，燦爛的陽光就照進你的屋子，暖暖的感覺會在心頭，進而開啟每一天豐盛、喜悅的生活！

093 轉念是世界最偉大的奇蹟

我始終相信一個真理：一念天堂，一念地獄；一念動，八方動。然而，我們還要不斷地學會如同《大學》中所說到的：「誠意、正心、修身、齊家、治國、平天下。」在西方管理學當中也提到，人受三種慣性所影響：思考、語言跟行為。

你的思考品質會決定你的成就品質。如果我們能夠不斷地去審視我們的意念，就有能力去改變我們的生命。你會發現，當你念一轉，外在世界就跟著轉變了。我相信你有聽過一句話：「境由心轉，境隨心轉。」同樣的環境、不同的心境，會有不同的感受。所以，你的目前處境如果處在「地獄」中，就請你轉念，因為這一切都只是體驗。帶著感恩的心出發吧！我相信你會收穫到更大的禮物。

請你思考一下，我們如何能夠擁有一顆感恩的心，感恩許多助緣的到來，能夠讓我們體驗更多的豐盛，猶如在「天堂」一般。

那麼，如何讓我們天堂般的生活持續下去？我們要學會更好地轉念，因為生命是無常的，也是無限可能的。如果我們能夠持續地在巔峰與更多人相會，這是需要轉念的。這就如同《易經》所提到的：當你飛龍在天的時候，切勿走到亢龍有悔。

我們如何能夠將成功的轉折點，再成功地轉折上另外一個高度，這也是需要轉念的。切勿因為過去的成功因素，而導致未來失敗的可能性。

總而言之，轉念是無處不在的。只要我們學會轉念的藝術，就能夠創造一個又一個這世界上最偉大的奇蹟。一念天堂，一念地獄。當你面對陽光，陰影就在你背後；當你選擇快樂，就會避免痛苦。

我們要學會不斷轉換角度。其實世間的一切事情都是具有兩面性的，現在開始，試著從不好的一面看到好的一面，進而從好的一面看到更好的那面，從當下的狀態看到更遠的前景。如此一來，我們漸漸地學會成為一個未來導向的人，生命也就會變得更加豐盛！

094 清理是人類最偉大的工程

試想一下，一個可以發光發熱的燈塔，卻被很大的布幔給一層一層蓋住了，那麼它如何能夠發光發熱呢？所謂「大學之道，在明明德」，其精要就是告訴我們，要學會彰顯自己內在的光。那該如何做到呢？就是要不斷地清理，也就是佛陀所說的「明心見性」。這個偉大的工程是比任何的工程都來得更有意義，這就意味著，我們想要活出純粹如是的本性、我們想要彰顯自己內在無限的潛能，其精要就在於不斷地清理，不斷地去蕪存菁。

清理的方法有很多，譬如佛家的持咒、打坐，或者是基督教的禱告、懺悔，又或者透過心理學做一些療癒的手法，這些都是在為我們自己做清理，都能夠讓我們明心見性。探討吸引力法則的巔峰之作《零極限》，談的也是清理，其法門就是四句話：「對不起、請原諒、謝謝你、我愛你。」

活著本身就是一種修行，我們需要不斷修正的就是自己內在的心性與外在的行為。所以，現在開始請你用歡喜心、甘願做的狀態，將這件事情當成是你生命當中最重要的事情之一，然後將清理變成是一個偉大的工程，而你就是那偉大的工程師！

095 成為學問的主人

孟子說：「盡信書，不如無書。」他告訴我們，在閱讀的過程中，不能盲目地相信書中所說的，而是要透過自己的思考、咀嚼，去找到書中適合自己的角度。

所有成功的方法都不能夠百分百地套用，而是要學會活學活用。因為知識是死的，能夠將其活用，才是一個真正有智慧的人應該做到的。

當看到一本書，我們需要思考，書中講的故事或名言智語給我們帶來了哪些啟發，我們從中學到了什麼，又如何套用在自己身上。我在看書的時候有個習慣，我會用一支有三種顏色的筆在書上做一些標注：黑色代表一些比較負面的例子，或是一些可能引發我生命的地雷的部分。而紅色的部分是能夠激發我向上的。藍色的部分我主要用來寫一些注解，以及對於這段話的理解。我這樣做，是為了能夠讓自己更清楚地知道，我從這本書中學到了什麼，以及如何運用在我的工作和生活上。

所以，「如何」是非常重要的。當你學會問「如何」的時候，你就達到了孟子所說的「盡信書不如無書」的境界，或者是一種「持經達變」的境界。將書中的提示融會貫通，幫助我們的生命去做更好的蛻變。

很多人在學習的過程當中，往往沒有下足功夫，或者是沒有深刻理解到其學問的全面性。所以有時候往往就會應了那句話：師父領進門，修行在個人。

在我多年研習《易經》的過程當中，也請教過很多的師父，我也看到很多人在研習《易經》，有時候會卡住，會絆住，甚至會曲解，使我深刻感受到，學問要真的做透、做精，必須用孔老夫子的精神，博學、慎思、明辨、篤行是非常重要的。

我也相信，透過自己的摸索，了不起有一百年的境界；透過好的上師的引領，可能會立刻擁有點透千年深度的境界；我也相信「假傳萬卷書，真傳一句話」，除了找對老師學習這門學問之外，更重要的是，我們是否能夠活學活用，成為該學問的主人，能夠既來自於這個學問又穿越這個學問，或許我們的生命才能夠彰顯出更大的高度與深度。

很多人喜歡讀書，我非常相信，沒有必要去要求讀書的數量，而是要重視讀書的品質，並且要多讀經典書籍。何為經典呢？我想經典一定是經過歲月的沉澱，經得起時代的考驗。所以我鼓勵把對的書籍讀一百遍，而不是讀一百本書。子曰：「溫故而知新，可以為師矣。」一想要領悟到更多書中的道理，讀一兩遍是遠不夠的，我相信每一次閱讀都會有新的感悟、新的認知。如此反覆，我們才有可能掌握書本中的真諦。

我常講，使用是擁有的必要條件。我們擁有了一項技能或是一種生活智慧，那是因為你去使用它了，就如同你擁有了車卻沒有去開，你不能算真正擁有這輛車，不是嗎？所以，在讀書過程中，首先做到熟讀，熟讀之後去深刻理解，然後不斷地在生命中去印證，我認為這是一個非常好的閱讀習慣。

希望「盡信書，不如無書」這詩句能為你日後的閱讀帶來一種全新的模式，願我們在國學經典當中都能夠尋找到「顏如玉」和「黃金屋」，能夠找到幫助自己生命更加精采的見解。

096 一天品質由己選擇

我始終相信，選擇權是老天爺賦予我們人類最珍貴的禮物。因為有了選擇權，我們的生命才會如此的多姿多彩；因為有了選擇權，生命有可能會在天堂，也有可能會在地獄；因為生命有了選擇權，七十億人口就會有七十億種活法。

所以，當你選擇面向陽光的時候，陰影就在你背後；當你選擇快樂的時候，你就會避免痛苦；當你選擇成功的時候，你就會避免失敗；當你選擇喜悅的時候，恐懼就會隨之灰飛煙滅。可見，選擇權是一件很容易的事情，也是極其難的一件事情。

在我們生命當中，要學會去提升我們選擇的能力。然而，大選擇中會帶出很多的小選擇，一連串的小選擇會決定你的大選擇。

我們每天都要做選擇。例如，當你清晨醒來，聽到外面有鳥叫的聲音，在歡天喜天地催促你起床的同時，那一瞬間，你就開始選擇你的心情。而一旦你的心情被選定，你生命的發展軌跡就會略有不同。

所以，請用心地追隨光明，而不是追隨恐懼；請用心地去選擇豐盛，而不是趨向於匱乏。是的，我相信你是可以深刻意識到，美好的一天從好的心情開始，糟糕的一天從不好的心情開始。畢竟，好的開始是成功的一半。

現在開始，好好地珍惜老天爺賦予給你的選擇權吧！好好地發展你的選擇品質；好好地精進你做決定的能力；請用心成為「選擇達人」吧！

生命是用來體驗的，雖然會有酸甜苦辣鹹，但是，你是可以選擇體驗更多的豐盛、更多的喜悅、更多的平靜、更多的智在的。只要你願意！

那就多讓自己處於智在的狀態吧！每天醒來，多聽正向的音樂、多回想讓你生命感受到喜悅並值得感謝的人事物。這樣一來，一天的心情都會隨之變好，做起事來都特別輕鬆。

最後溫馨地共勉：一天的好心情從你的選擇開始！一周的好發展從你的選擇開始！一年的好成果從你的選擇開始！一生的甜美果實也是從你的選擇開始！

097

提升內動力七大黃金元素

內在世界的豐盛才會有外在世界的美麗！因為相由心生，所以如何提升內動力，乃全球七十億人口的關鍵成長指標之一。學會觀照自己的內心是每一個人的功課，就如同在《金剛經》中須菩提請教佛陀：如何降伏其心？接下來就與你漫談一下，提升內動力的七大黃金元素。

（一）懊悔是消耗內動力最快的頭號殺手

當我們的內在動力不足的時候，往往是因為你內在的想法出了問題，換句話說就是，把注意力等於事實。當你把注意力放在負面能量的時候，你的內在動力就會出不來。

所以，生命當中最重要的覺知之一，就是：不管發生任何事情，請你還是要相信，你是值得被愛的。當你深深地相信這一點的時候，你就不會懊悔，或者你可以更快地調整到更好的平衡狀態。當人在懊悔時，其實是把焦點放在了過去，這樣就會少了正向的創造力，所以，懊悔是削弱我們內在動力的頭號殺手。

溫馨提示：從外而內的外動力是不見得能夠長久的，從內而外的內動力是可以更長久的。就如同雞蛋從外而破掉，它是湯湯水水的蛋黃和蛋白；從內而外能夠破殼而出，它就是有血有肉的一隻小雞了。所以，讓我們學會不斷地提升自己的內在動力吧！

（二）抱怨是無法解決問題的，出來混總是要還的

人生就是這樣，「不如意十之八九」。有時面對這突如其來的不如意，我們常常會抱怨這人世間的不公平，抱怨對方是如此的不夠體諒自己……但是，抱怨過後呢？我們可否試著想一下，抱怨能幫我們解決什麼問題？答案是：它解決不了任何問題，只會讓自己跟身邊的人情緒更加糟糕。

如果我們養成了這種慣性，在日後發生其他事情的時候仍然只會抱怨，而不是從中吸取經驗和教訓，讓我們可以更好地成長。因此心理學家把它稱之為「傷痕再現」——如果你不願意把這一關修過去，當它再席捲而來的時候，你可能要付出更多的代價。就如同《一代宗師》中一句經典台詞說到的：「該吃飯的吃飯，該燒香的燒香，該辦的事情天打雷劈都要辦。」

所以，鼓勵你將該修的功課一關一關地過吧，飯要一口一口地吃，事要一件一件地做，關要一關一關地過。停止抱怨，去開創更有意義的人生，沒有所謂的理所當然，只有全力以赴，才能夠停止窘境，然後去擁抱更不可思議的新生命吧！

（三）請避免成為完美主義者

我發現很多人說：我是一個追求完美的人，我要渴求每一個細節，我要做到不可思議的好……然而一來一往的過程當中，往往給自己很大的壓力，也導致自己不夠快樂。當一個人不夠快樂的時候，他如何能夠達到快樂的終點呢？所以，如果過程不快樂，達到終點也沒有多大意義。

如果一個人想要提升自己強大的內動力，就必須懂得，快樂和諧乃宇宙最高震動頻率之一。當我們快樂了，內心是和諧的，我們就是達到某種程度的天人合一，這樣的天人合一就如同手機要充電才能達到最好的狀態。

所以，請避免成為完美主義者，我們要努力成為追求卓越者，以不斷地、更高的標準為導向，過程是快樂的情境、喜悅的情境。如此一來，我們的生命就會有更多更好的、正向的果實，等著你去採收，等著你去品嘗。

（四）多使用正向肯定語

在佛經當中，或許可以濃縮成三個字「信、願、行」——即有足夠的信心、有非常好的大願、有更好的修行。所以，信心是我們提升內在動力的關鍵。當然，有信心之後，我們需要有更好的信任。信任周遭的人，信任對你有所幫助的人，信任這個宇宙。與此同時，我們還應有更好的發願，因為我始終相信，願有多大，路就有多長。最後，採取更好的行動，即有更好的修行境界。

在西方基督教裡面，整個教義也可以濃縮成三個字就是「信、望、愛」。說的也是我們要有更多的信心、更多的盼望、愛是宇宙間最高的震動頻率。它包含的不只是快樂和喜悅，還有那份平靜和智慧。

在東、西方兩大宗教裡，不約而同的都是從信出發，這就意味著，有更好的信任、有更好的信心是非常重要的。「信」是由兩個部首所組成的，一個人，一個言，意味著若想要有更好的信心、有更好的信任，需始於講話。倘若你每天告訴自己，「我很倒楣」、「我心情不好」，那麼你的心情就真的不會太好。所以，多使用正向的肯定語，是喚醒我們內動力的關鍵鑰匙。

有句話想與你共勉：「我值得擁有更豐盛的人生！」請常常這樣對自己說，培養更好的配得感，其關鍵字就在於「我值得」。所以，當你多講「我值得擁有更豐盛的人生」的時候，你的生命就真的可以越來越豐盛。因為，你內在的內動力即將會有更好的提升。

再次溫馨提示：語言是有魔法的，有白魔法，有黑魔法，請多使用正向的肯定語，進而喚醒你更強大的內動力吧！

（五）保持平和的心態，盡量避免偏頗的情緒

任何偏頗的情緒，不管是快樂還是悲傷，都無法讓我們提升更好的內動力。體驗真愛，體驗這個宇宙或你所認同的人給你的愛，前提就在於平和的心態，而不是偏頗的情緒。

有句話說，樂極容易生悲。所以，過於快樂，就是一種偏頗的情緒；當然，過於悲傷也是一種偏頗的情緒。只有平和的心態，才能夠幫助我們提升更好的內動力。

快樂和悲傷這兩者的情緒都過了頭，並不是太好的。為什麼呢？就如同《聖經》中提到的——「得到力量在於平靜安穩」。所以，只有擁有平和的心態，才能夠讓我們有冷靜的思維，才能夠幫助我們獲得解決問題的方法和力量，才能夠更好地幫助我們提升內動力。就如同電影《功夫熊貓》中提到的，功夫的最高境界就是靜下心來，功夫是無處不在的。

其實，人生路上，快樂也是無處不在的，只是我們各自擁有不同的心態，常常用自己的角度去看待和思考問題。倘若我們可以擁有平和的心態，不計較得失，我們就會更加快樂。不以物喜，不以己悲，是人生的一種境界，不是嗎？

（六）多回想過往的高峰經驗

我相信一個真理：成功會孕育更多的成功，勝利會帶動更多的勝利。所以，從此刻開始，請學會不斷地用「香檳冥想」。通常，香檳都是用來慶祝的，「香檳冥想」的定義就是：常常回想在你生命當中過往的高峰經驗，讓你的內在不斷地重溫這種高峰時候的感受；讓你身體的細胞，能夠服從更好的正向記憶。如此一來，我們就能夠讓這個成功不斷地在外彰顯。

具體方法有以下三點可以作為參考：

第一，請常常回想生命當中過往的高峰經驗。

第二，在睡覺之前，請多回想過往的高峰經驗，尤其是當天所發生的。它能夠讓你在睡夢中，有更好的潛意識的運作。

第三，當你陷入人生低潮的時候，請在第一時間回想自己過往的高峰經驗，它會幫助你穿越生命中的低谷，幫助你度過快要窒息的漫長黑夜，最終迎向黎明破曉和曙光的到來。

（七）養成閱讀經典書籍的習慣

何為經典？「經」是代表主要的，就像地球的軸線我們叫做「經線」，也代表必經之路的意思。試想一下，一部經典能夠經得起時代的考驗，傳了九千年以上，它一定有值得我們學習的東西。

我非常相信一個真理：在陽光底下沒有新鮮事，因為人性是有一定規律的。當你能夠掌握人性，認識人，瞭解人，那麼你將無所不能。如何做到呢？讀經典書籍是非常有幫助的。書雖然不能直接幫你解決問題，卻能給你一個更好的角度。

所以，我鼓勵大家多讀經典的書籍。例如《金剛經》、《六祖壇經》、《論語》、《道德經》、《大學》等已經流傳超過兩千五百年的經典。讓我們在經典著作中汲取更多正向的養分，讓我們的「智在心能量」達到另外的高度吧！

098

不要讓心靈畫地為牢

真正的牢籠不在外在，真正的懲罰也不在外在，真正的監獄也不是在外在，而是在於內在。換言之，真正的自由不是來自外在，而是來自內在。真正的自由不是你想做什麼就做什麼，也不是在外在得到了什麼樣的物質或者是達成什麼樣的事業成功，而是內心深處的那份自在與平和。

內在世界決定了外在世界，內在的品質決定了外在世界品質的彰顯。當我們的內在世界總是有一種畫地自限，例如：「我不可以？我不行？我做不到？我怎麼總是這樣？」諸如此類想法升起的時候，其實都是一種負能量的創造。這負能量的創造就是用牢籠把我們圈禁起來，試想一下，如果以管窺天，然後覺得天就這麼大了，豈不是喪失了體驗更多精采世界的權利了？

請常常問自己：如果我可以活得更精采，那我願意去彰顯什麼樣新的我呢？假如我值得擁有更豐盛的未來，我敢夢想哪些事呢？同時學會找到生命當中的學習榜樣，告訴自己：他們做得到的，我一定也可以做得到！他們做不到的，不代表我做不到。成為心靈王國的接班人，好好地用心靈的力量去彰顯這宇宙的大愛，那麼你就真的可以更幸福、更喜悅、更健康、更富足的。

099 自己的行為自己負責

這個世界上只有三件事：一、老天爺的事；二、別人的事；三、我的事。我相信一切自有最好的安排，因為這宇宙有更大的力量在協助運作著。我們如何活出智在的喜悅天堂，其關鍵就在於：必須先將自己的事給做好，為自己的生命負起百分之百的責任。

孔老夫子說：「人不為己，天誅地滅。」其實，這句話並不是貶義的。這句話的精要就是要告訴我們，自己的事自己負責，自己的行為自己負責。

有這樣一句話：「可憐之人必有可恨之處。」可憐人的可恨之處就在於，他沒有做到自我負責。舉例來說，當你在社群網站發出去一個訊息，你想送給別人祝福那是你的事，而別人有沒有回應那是他的事，然而卻有很多人會因為別人沒有好的回應，而糾結甚至生氣、難過、憤怒，最後受傷的還是自己。不是嗎？

所以，自己的事自己負責，歡喜心，甘願做。畢竟，別人有他的想法，或者是當下情境的一些考量性的選擇。他有他自由的決定權，而我們最主要的事就是將自己的情緒給照顧好，進而成為情緒的主人，然後能夠安住其中。

關於天老爺的事，前面說過，我相信天老爺一定會做最好的安排。所以，最需要負責任的永遠不是別人如何對你，也不是天老爺如何對你，而是自己如何對自己。須知：天道酬勤，自助而後人助，人助而後天助。

100 親愛的，外面沒有別人

「禍福無不自己求之者」出自《孟子．公孫丑》。這句話的意思很好理解，但卻告訴我們一個很深的人生哲理：災禍或幸福都是自己尋求而來的。我們常常聽到有人說：「是你讓我生氣的，是你讓我難過的，我今天的一切都是你造成的！你必須要對我負責任！」然而，各位有沒有想過，當你一根手指頭指向別人的同時，有三根手指頭正指向自己。也就是說，每當你說：「是你，是你，是外在的一切造成了我今天的樣子。」殊不知，這一切都是自己吸引過來的。

我的好朋友、著名心靈暢銷書的作者張德芬女士在《遇見未知的自己》這本書中提到：「親愛的，外面沒有別人。」我非常相信，外在的一切都是你的內在所投射的。

有一句老話叫「禍從口出」，然而，我更相信，福也從口出，因為我們一切的一切都是來自我們自己。當你的內在對了，外在就對了；當你的內在喜悅了，外在就喜悅了。當你不再把自己看做受害者，願意為自己的生命負起全然的責任，我相信，沒有人可以傷害到你，你就會不再向外找藉口了。所以，請停止找外因，並努力地向內觀照，成為自己情緒的主人，成為自己生命的主人。

101 駐足黑暗，怎能看到光明

有一位朋友說：「我在七年前突然變得口吃了，與人交流有障礙，找不到自己喜歡的工作。這幾年生活過得很壓抑，也很痛苦，我什麼都失去了，看不到未來的方向。希望李老師幫助我，讓我看到未來的路，讓我不再迷茫。」

其實，這位朋友，你七年前突然口吃，我懷疑是心理上的問題，建議你多看或找一些心理上能夠幫助到你、支持你的人。

第一，你在什麼情況下會有口吃的現象？是隨時隨地講話都有這種情況？或者你在某些特定的情境之下才有這種情況？如果在特定的情境之下才會口吃，那表示可能過去發生類似的情境或者什麼事情，讓你的心理遭到某種程度的干擾。我覺得這只是一種干擾，這是第一個要去覺察的。

第二，如果一個人太關注於黑暗，他能夠看到光明嗎？看不到。如果一個人每天選擇就是看負面的、失去的，他的心情會越來越好嗎？當然也不會。所以，建議你要學會換一個角度。我感覺你太關注目前所暫時失去的說話能力了。

當你太過於關注的時候，你就會越來越抑鬱。最怕的是，你覺得自己有點抑鬱了，然後你就會開始覺得心情不太好，是不是生病了，於是就開始吃藥，吃藥之後就說自己是一個得了憂鬱症的人。這是一個很糟糕的進程。

為了避免這個進程的產生，你現在就要立刻停下來。停下來做什麼？你要學會把你的注意力轉移到有陽光的地方。

我很高興出現塞車，為什麼？因為塞車的時候我可以在車上靜下心來思考很多事情，同時我還可以聽一些教學CD，也會聽一些不同的聲音。如果今天塞車，有人會煩躁，有人卻心平氣和，你選哪一個？是因為塞車的因素造成的嗎？不是，而是你對塞車這件事情的看法如何。所以，現在不是口吃讓你抑鬱，而是你對口吃這件事情的看法，這才是真正的重點。

一個人生命的品質決定他怎麼看、怎麼想、怎麼做。我真的建議你換個角度，多看光明面，而不是黑暗面。你可以想像一下，當你走進一個黑暗的屋子，你點起一根蠟燭，這個屋子是不是就整個亮起來了？

當你今天學會關注光明，你就不會讓自己跌倒；當你學會關注你所想要的，你就不會讓自己失去太多。我常說：人在什麼情況下一定要減肥？可能他有足夠的動機；人在什麼情況下會戒掉一些不好的習慣？因為他有足夠的動機。

有個大前提，我建議你寫下來問自己：為什麼我要恢復更好的說話能力？恢復更好的說話能力能帶給我什麼好處？

記得我經常問很多朋友，我說：賺第二個一百萬容易還是賺第一個一百萬容易？他們都會回答：賺第二個更容易！所以，你曾經說話是很好的，你要恢復也是很容易的，除非你一出生就有口吃。即便一出生就有這種情況，也不是問題。

賺第二個一百萬比第一個一百萬容易。當你這樣思考的時候，你就會想，為什麼我要恢復更好的說話能力？給自己列出足夠的理由，然後有計畫、有步驟性地去練習。

相信我們都清楚，人生不如意之事十之八九，那麼，我們為何不選擇多看一二呢？祝福大家都有更好的收穫！

102 不讓信念選擇你

我們幾乎活在一個被許許多多信念淹沒的世界裡，因為這世界到處充斥著不同的信念宣傳。例如：書籍、電視、電台，還有周圍的人。

每一天都會有許許多多甚至是排山倒海的信念向我們湧過來，也時常會聽到有人對你有不一樣的建議，然而，這建議背後有他的信念系統。你也常常會看到一些書籍，作者會傳達他的信念，因為這是他所相信的意念。

信念是如此肆無忌憚地入侵了我們的生活。那麼，我們如何保持中正、如何安在、如何能夠活出智在的狀態，並能夠在地球創造屬於自己的智在天堂？其祕訣就在於，你選擇信念，而非讓信念選擇你。

所以，我們要不斷地去學會更新我們的信念系統，要不斷地去升級我們的信念品質。更要在適當的時候，去質疑我們的信念。試想一下，如果把玻璃當作鑽石或者把鑽石當作玻璃，我相信結果對我們的生命不會有多大的幫助。這就意味著，從今而後，我們要用心地學會並能夠謹慎地選擇信

念。

有兩點值得思考的建議，請用心思考：第一，什麼樣的信念可以被邀請進入你的內在？第二，什麼樣的信念你必須發出最後通牒，把它請出你的內在呢？

最後，當我們學會去「選擇信念」這個遊戲的時候，我相信我們的生命就會越來越通透如是，越來越去蕪存菁，越來越明心見性。

103 修行是自己的事

近幾年來，我們身邊如雨後春筍般地到處林立著很多關於「身心靈」的課程，甚至是探討國學的課程。這表示，大家向內觀照的意願，是比以前更強烈了。

同時，我們也進入了一個大覺醒的時代。然而，在我們踏上身心靈修行的過程當中，我有一個感悟，就是：真修行跟假修行的區別，是值得我們去關注的功課之一。

何為假修行？我認為假修行就是：在特定人事物的氛圍當中，能夠達到一種喜悅、豐盛以及平靜的狀態；然而，一旦脫離了特定的人事物，回到了現實生活當中，可能很快地就打回原形。

在西方的修行圈裡，有一句諺語是這麼說的：「看你的修行功力如何，就請你下山與你的家人共度一個週末吧！」其本意就是，當你的修行在生活當中無法隨時隨地去彰顯觀自在的話，那麼有可能你就走入了一個假修行的誤區或漩渦當中。

所以，真修行就是：我們要不斷地在事件中修行，在關係中成長；不論遇到任何的人事物，你一切皆智在。所以，只要我們是一切皆智在的，才真正地達到了修行的境界。

曾經有學友問我：「李老師，我最近的修行成果如何？」我說：「我不知道。」他說：「您怎麼會不知道呢？您可以去感覺一下。」我說：「我真的不知道。」

他又說：「那我如何才能知道我最近的修行成果呢？」我回答：「最好的方法就是去問你的家人、問你的同事、問你的夥伴、問你周圍的人。他們對你的投射是不是有更好的提升呢？」然而，也必須問自己：「你在任何情境皆智在嗎？」這就是我們要一起去共修的功課。

如果一個人修行的目的是為了去改變別人，他終究會失望的。畢竟要改變別人之前，永遠只能先改變自己。如果你無法感動自己，就無法感動別人；如果你無法讓自己先喜悅起來，又如何讓別人也跟著開心起來呢？

我們修行的目的是為了讓自己在地球創造屬於自己的智在天堂，而非想去改變多少人。當然，如果你有想要讓更多人活出他們更喜悅、更豐盛的狀態，這樣的大願是非常好的。不過，更重要的是，你自己要先努力地做到。當你真的努力做到的時候，光是你的存在就能夠帶給別人療癒。

修行就是自己的事，一切都要從自己開始做起。然而，何謂修行？修行就是不斷地修正自己內在的心性與外在的行為。那如何讓我們的心如同燈塔一樣被點亮？如何讓我們的行為能夠趨向更多的善因，進而得到更多的善果？答案就是：我們要不斷地修正、修正、再修正；清理、清理、再清理。

當然，有可能我們會有心煩的時候，會有迷茫的時候，有可能在修行過程當中會有無力感。我們也許會突然發現，怎麼越修遇到的事情就越多呢？以上都是有可能會出現的現象，畢竟修行必須結合事件所遭遇的一切，才能夠真正達到更好的體驗。然而，在修行之前，有可能我們還有一些功課做得不夠好，所以，在修行之後還是要持續地去面對它、放下它。因此，我想誠摯地邀請你，能不能在午夜夢回、夜深人靜的時候問自己：「你真的相信，活著就是一種修行嗎？」

今天，如果我們原地踏步就等於退步，那麼修行就顯出它更重要的意義。不能隨著時間的推移，我們卻一直原地踏步。所以，修行是全人類的運動！修行就是你的事。更重要在於，成為一個高階的修行者，你就能夠在生命當中體驗更多的豐盛。

記住：不為別的，只為了你自己享有更好的人生體驗；不為別的，只為了你自己想要變得更好。唯此出發點，你的發願才會有意義。當你去改變別人的時候，別人才會樂意接受你帶給他們的引領。

第五輯

金主義：心靈船長

相由心生，一旦你的內在靈性能量可以不斷成長，你的外在世界就將會愈益豐盛！心有多大，舞台就有多大！若你真心想獲得更多內在的力量，請勇敢踏出第一步，清理你的內在恐懼，用愛的能量照耀並消弭你的內在黑暗！堅持的力量將為你帶來更多堅強的自信能量！

104 你是豐盛的源頭

唐朝詩人王之渙在《登鸛雀樓》中有句詩句家喻戶曉：「欲窮千裡目，更上一層樓。」這告訴我們，想要看到無窮無盡的美景，要再登上一層樓才行。我們想要取得更大的成功，就要付出更多的努力；我們想在某個問題上有進一步的突破，就要站在更高的角度去審視它。換言之，提升自己的境界，能讓自己看得更遠、更通透。

境界是我們內在的一種狀態，就像電腦更新了系統，更多的新軟體才能被安裝進來，我們的內在系統也同樣需要升級。

曾經有一段時間，我看到電影頻道在重播《英雄》這部電影，過了這麼多年再看，又帶給我很多感觸。電影中，「無名」為了報家仇，一直想要刺殺秦始皇，然而「殘劍」的兩個字使他放棄了這個想法。哪兩個字呢？——天下。無名心中的怨一直驅使他去報仇，但看了這兩個字之後，他聽懂了秦始皇說的那句話：「我短暫的殺戮是為了永久的和平！」這不就是一種境界的提升嗎？

所以，生命當中很多時候，不是你沒有辦法得到，而是你的層次需要提升。不是你不知道，而是你沒有準備好去知道。如果想要你的生命活出更豐盛的未來，首先問問自己，我的境界是否有提升的空間？是否應再上一個台階？

在做事當中，不是因為應該做、必須做，而是因為喜歡做才去做。當你把自己內在的心能量提升了，相信你一定會看到更美的風景。我認為人生最美的境界之一就是：你可以不斷地發現，你的內在世界原來還有這麼多的領地還沒有被發現。所以，努力成為自己生命的探索家吧！記得：「欲窮千里目，更上一層樓。」

外在的一切皆來自於你的內在，因為相由心生！豐盛的「豐」從文字來剖析其精要，就是用根本智連接天時、地利與人和；而豐盛的「盛」是將基本功承載在一個容器裡，若基本功是高手以上的等級，再加上其容器的愈益廣大，那麼，當你愈能活出此信念之高深境界時，你的生命將可以加倍甚至是無限精采！

105

心境提升，成就增值

有人會問及我一個想法：國學班講的似乎不是純正的國學，因佛學與基督教等是舶來學，而孫子兵法、儒家與道家才是正統的啊！試想一下，任何一個國家都有自己主旋律的學問，故簡稱「國學」。而我們中華民族在這地球上可以稱之為最偉大的民族，因為我們的歷史最悠久，而且是無所不包、無所不載的。就如同佛學是在中國發揚光大並傳承至全世界的！

所以，你經歷的是一堂非比尋常的國學課，我們是用有容乃大、貫穿中西、萬流歸宗的坤卦精神（即厚德載物），讓你一步一步地去了悟老祖宗之博大精神的文化體系。其核心主軸在於：用一把金鑰匙打開所有的門，如平靜之門、豐盛之門、喜悅之門、幸福之門。這把鑰匙就是「智在禪」！

你的智在品質決定外在世界的一切發展。當你的心境提升了，相信你的世界將會加倍寬廣。就如同阿里巴巴的成功祕訣之一，就在於在網路上賣房子（即商鋪）。所以請常自問：我的心境有哪些可提升的空間呢？

當你在內心對自己有所批判的時候，那麼，你所看到的外在種種線索，也會有許多的批判現象產生，甚至有很多的外界會指責你。

有一個真理，我們是知道的，但是卻常常忽略，就是：外在的一切都是由內在所投射的。基於這個真理，視而不見；基於這個真理，我們常掛在嘴巴上說，可是並未深刻覺察它對我們生命的影響深度，最終導致小災難不斷，甚至卡住的現象不斷地重複出現。

如果你能夠好好地了悟這個真理，你就能夠慢慢地覺知到，當你對自己的潛意識是寬容的，這個世界就會對你更寬容；當你對自己的潛意識是認同的，這個世界就會對你更認同；當你不再成為自己內在世界的審判官，外在就不會對你造成不必要的損害。

懇請你學會先愛上自己的全部，這個宇宙才會為你敞開一道又一道的機會大門，才能夠不斷地去提升人脈的品質、喜悅的品質、幸福的品質、豐盛的品質。

106 成為練習的巨人

古語有云：「半部論語治天下。」《論語》中的確有很多發人深省的道理值得我們去認知和體會。我常講，關係品質決定生命品質。若想讓自己的生命獲得更多的精采，用心經營身邊的關係，就顯得尤為重要。

《論語》中有一句話，道出了我們在經營關係的過程中的關鍵——子貢問君子。子曰：「先行其言，而後從之。」

子貢問：「如何成為一個君子？」孔子回到：「對於你要說出來的話，你要先去思考一下，你是否做到了，做到了再說出來，這是一個君子最基本的素養。」

社會上各個領域都不乏「理論家」，然而如果這個人只會紙上談兵，卻沒有身體力行地去實踐，我相信他是沒有辦法走得更遠的，因為他無法得到更多人的支持。就像唱歌一樣，我相信歌者能夠讓觀眾引起共鳴、能夠感動觀眾的，一定是他歌聲中的情感，否則，當一個人雖然懂得很多的演唱技巧，但在歌唱過程中無法感動自己，那麼他又如何去感召聽眾呢？

西方心理學家曾說過一個觀點：任何人都會在自己的潛意識裡去評估對方的一致性。可見，言行合一是我們每個人都在意的。這也是誠信的重要性。所以，如何成為一個真正的君子，最基本的要素就是做自己所說、說自己所做。這也是我對自己團隊的每一個成員最基本的要求。

與人相處之道，關鍵是讓對方覺得自己是值得信賴的；然而祕訣別無他法，唯有「先行其言，而後從之」。我發現有許多人總是一直向外學習，而少了向內總結所學到的東西。知道是一回事，做到是另一回事。所以，請成為練習的巨人，而非只是學習的巨人。

107

命由天定，運由我改

我始終相信，如果修行無法改變你的命運，如果學習無法讓你的生命擁有更多豐盛的果實，那為何要修行和學習呢？

我非常相信一個真理：命只會越算越薄。因為，命由天定，運由我改，福自己求。可是現實中，很多人很喜歡算命。然而，生命並不是要算得準不準，而是算你有什麼樣的籌碼。關鍵點是：有不少人即使不知道自己的命理，他也能夠走出一片天的，不是嗎？

如果今天我們想要實現人生的價值，想要在生命當中活出更精采的未來，我們必須相信：命由天定，運由我改。換言之，不要被命運所掌控，要學會把命運顛倒過來看，「運命」，運你的命。把你的命給運好，讓你的生命能夠有更好的彰顯。

如此，你便成為自己生命的ＣＥＯ，你就是你自己生命的超人，你就是你自己生命的機長，你就是你自己生命的航海家。

如何能夠實現更好的生命蛻變？首先，我們要先問自己：「你到底要的是什麼？」如果不知道自己要的是什麼，你如何得到你自己所想要的呢？我常說：「明確才會帶來力量！」再者，還有一個很重要的觀點就是：不管你今天學習什麼樣的學問，一定要做到成為學問的主人，而不是讓學問成為你的主人。

在我多年研習《易經》的過程當中，我赫然發現：很多人都成為了五行的奴隸，讓五行成為了他的主人。張口閉口談的都是一些術語。如果這些術語能好好地使用或者能活學活用，既能夠幫助到自己，同時又能夠幫助到更多的人，那該多好啊！然而，很多人卻停留在背誦或者是被該術語限制住了的境地。

我想溫馨地告訴你：「千萬要謹慎、再謹慎。」在我們學習老祖宗智慧境界的時候，一定要成為學問的主人。

我也非常相信，佛陀所說的那句話：「人類的修行角色就是福慧雙修。」在更好的「發福」之前，要更好的「發慧」。所以，請不斷地增長我們智慧的境界，進而能夠真實如是地做到：命由天定，運由我改，福自己求！

108 請在心學上下足功夫

在我從事培訓事業十年的過程當中，我有一個很深刻的感觸，就是：許許多多的企業家，許許多多的人，都喜歡去追求如何賺錢的技法，如何提升業績的技法，如何能夠更好掌控別人的技法，還有可以讓自己超速成功的技法。

其實這十年的培訓市場，是風起雲湧和瞬息萬變的，而人們對培訓的口味、需求及接受度也有了大大的轉換。以我個人而言，轉變點在於從商業模式轉變成為對人生模式的重視，從事業管理轉變成為對人生管理的高度探求。

似乎我們都越來越明白一個道理：再偉大的成功都彌補不了家庭的失敗，就如同《大學》中所說的，需先齊家，才能治國、平天下。

二十一世紀的領導者最重要的功課之一，已經不再是學了多少賺錢的「術」及如何管好事業的「技法」。更重要的是，你如何有更好的人生模式；更重要的是，你的內在、心靈的力量夠強大嗎？

試想一下，明星之所以能夠成為明星，他們一定要懂得光鮮亮麗之道，換言之，明星是很注意自我形象的包裝與獨特風格的呈現的。

然而我們不難看到，一些明星的演繹或歌唱事業發展得風生水起，但卻不堪事業與生活的壓力，而選擇了自己結束生命，讓自己一生所經營的光輝形象蕩然無存。生命是何等珍貴，他們卻放棄了自己的生命，究其原因，我想是因為沒有足夠強大的心靈力量。由此可見，心靈力量是決定一個人能夠走多久、多遠以及獲得持續成功的關鍵鑰匙。

希望正在看這段文字的你，好好地靜下心來思考：賺錢與企業管理的技法固然重要，但是在忙碌中，請別忘了不斷完善自己的內在，因為我堅信，一個領導者可以輸掉全部，但絕對不能輸掉心靈力量。懇請你沿著這條線索好好地去思考，並在心靈的力量這門學問上下足更多的功夫。

109 義人雖七次跌倒，仍必興起

《箴言》有這樣一句話：「義人雖七次跌倒，仍必興起。」我們首先要知道何為義人？「義」字其精髓是「如羊的我」，有一份謙遜，有一份包容。我相信有這樣的胸懷的人，即便是跌倒七次，也一定會成功。

鮑威爾將軍在任美國國務卿時，發現自己在聯合國的一次演說中，有一部分內容引用了錯誤的資訊，這成為他長期出色的事業生涯中的一個污點。他曾對一位採訪記者說：「發生這樣的事，我感覺很沮喪，真希望當時有更瞭解情況的人站出來講話，但現在對於這件事，我再說什麼也於事無補。」但鮑威爾將軍並沒有被過去的失敗所束縛，他說他選擇「專注於人生的擋風玻璃，而非後視鏡」。

其實我們每一個人，或許都曾經做過一些讓自己遺憾的事情，它們或許是不誠實、或是道德上的失足，又或是不明智的決定，我們都暗自期望這些事情從未發生過，它們卻時常縈繞在我們的心頭，常常纏累我們。但是真正的智者卻可以從中總結出更多的經驗，學會放下，然後穿越恐懼，站在一個更高的立場來看待所有的一切。我相信在經歷過必經的苦難之後，仍必興起。

信義是目前我們這個社會中很稀缺的資源，所以在此鼓勵各位，都能夠做一個講誠信的人，並且用一顆謙卑且強大的心去看待周遭的一切，去看待自己過往的不足與失敗，然後拍拍身上的灰塵，繼續上路。只要你這樣去做，我相信你的生命一定會充滿陽光，你的夢想一定會照進現實。現在開始，去成就你夢想中的未來吧！

110 成為真正意義的「大丈夫」

《孟子．滕文公下》中有言：「富貴不能淫，貧賤不能移，威武不能屈，此之謂大丈夫。」這是我們人生中一種很高的境界——金錢地位不能使自己迷惑腐化，貧困窮困不能改變自己的志向，權勢武力不能讓自己屈服變節，這就是所謂的大丈夫。

記得《一代宗師》這部電影，是我跟我導師班的成員一起去看的。我在這部電影中，從主人公葉問身上看到了這種境界。電影中日軍占領了整個廣東，葉問的住宅被日軍徵用，有人說：「那你就為日軍效力吧？」他說了一句話讓我印象深刻，他說：「珠江水，我喝慣了，日本的大米我吃不慣。」葉問最終為什麼可以成為一代宗師？不僅是因為他的詠春拳，更重要的是他散發出的人格魅力和人性光芒。

我們的一輩子，總會遇見比自己有錢有權的人，當面對他們的時候，我們能否保持一顆平常心以及不卑不亢的狀態？當我們遇到一些困境、窘境的時候，我們能不能不要急於求成，而是保持不抱怨的狀態，繼續勇敢前行？當有人非常強勢的對待我們，我們能否保持自己內在的平靜？這些對於我們內在的成長都是極為重要的。

希望各位都能夠保持自己的風格，堅守自己的價值觀，不屈服於他人的強勢之下，相信我們都能夠達到不一樣的人生境界。

111 內在身分比外在更重要

當一個人擁有了駕照，但他的內在卻還是擔心害怕，有可能他開車上路的機會是不會太多的；如果一個人學了很多的行銷、領導管理等相應的技巧，但他的內在卻認為自己不值得賺到更多錢，恐怕他也很難讓自己有更好的業績。

所以，如果我們想讓自己的生命在這地球上活出屬於自己的智在天堂，首先就要問自己三個問題：(1)現在的我，內在的正能量屬於哪一個等級？(2)現在的我，真的已經準備好迎接更多豐盛了嗎？(3)現在的我，該如何做轉變，才能夠得到更多的豐盛呢？

以上這三個問題，能夠幫助你提升你的內在身分，當然，如果長期地問自己並找出其中的答案，加上假以時日的實踐，我相信你是可以翱翔在這個天空當中，進而去創造屬於自己更豐盛的智在天堂的。

112 低調積極，而非過度張揚

《道德經》提及：「江海之所以能成百谷王，以其善下之。」我相信，在高山是沒有大海的，頂多有湖泊，大海的出現都是在比較低窪的地方，因為這樣才能夠海納百川。正如在我們的生活中，有些人每天都很積極，但總難免給人留下一種過度張揚的印象；有些人看似低調，卻沒有積極地去想要實現自己的價值所在。因此，我們做人做事必須找到一個平衡點，在做人的過程當中把事情給辦好，在做事的過程當中將人的感覺給照顧好。

其實，有時候過度地炫耀自己，會讓別人對你有過高的期待，甚至會開始用檢驗的心態來看待你。所以，最好的方法就在於低調的積極，做到很努力卻不張揚。因為，飽滿的稻穗會低頭，「滿招損，謙受益」，不是嗎？

113 務虛與務實之間的平衡

宇宙中有個真理：所有行動的最起始點，都是來自於精神層面的。例如，一個好的創意可以幫助企業更好地經營成長，就像世界管理學大師彼得．杜拉克（Peter Ferdinand Drucker）所說：「一個企業如果缺乏了創意與執行力，企業就將會面臨很大的挑戰。」創意是務虛的，形式也是務虛的，然而如果少了形式與創意，如何去彰顯我們的生命價值呢？

若要活得更加的精采，就必須找到務虛與務實之間的平衡。換言之，想法決定做法，做法決定成果。想法是務虛的，做法就是務實的。所以，如何在想法跟做法中找到平衡，是成就我們的關鍵。有很好的向內觀，同時也要有把事情做好的實力。不能只接天氣，更需要接地氣，如此一來，兩者取得平衡的時候，我們就能夠既成為思想的巨人，也成為行動的巨人。

《道德經》中被我們熟知的一句話：「千里之行，始於足下。」正如我們所知，積少成多，聚沙成塔。我們想要走千里、萬里的路，必須先要走出第一步，再遠的路只有一步步地去走，才可以到達。

每個人都有夢想，都渴望成功，但這世上沒有一蹴而就的成功，我們都要很努力地去一步一步接近自己的夢想，然而在通向成功的路上，很多人因為耐性不夠最後功虧一簣。再遠的路，只要不停地走，都能到達；如果站著不動，即使目標近在咫尺，也永遠無法實現。

美國總統林肯曾說過一句話：「我走得很慢，但我從未停止。」所以，只要我們勇於邁出第一步，然後有足夠的恆心一步一步地走，不言放棄，我相信我們都會收穫更美好的明天。

114 提升生命品質的三個策略

在王力宏與成龍主演的《大兵小將》電影中有一個經典台詞：「活著真好。」而我的延伸思考是，要活得更滋養、更智在、更幸福、更好。因此，如何大大提升生命品質是我們需用心關注的方向。若你決定讓自己的生命品質可以加倍美麗，現在就開始運用以下三個策略吧！

(一)避免青春期的負面反應

其實，青春期是無處不在的，如同一個員工在公司的發展達到一個高度的時候，他也會邁入某種程度的青春期。一隻腳在公司的裡面，一隻腳在公司的外面。因為，他認為自己可以達到如此的高度，他覺得自己可以做得更好，於是他想要去闖蕩天下，或者是開始對「父母」(企業的領導者)產生了一些不同的觀點。此刻的「他」，血氣方剛主導了一切，總是向外攀援，而不是向內追求。很容易一根手指頭指別人，卻忘了三根手指頭正在指向自己。

任何的關係，發展到一個高度，都會邁入某種程度的青春期，意味著心靈的蛻變、關係的蛻變，走入了另外一個轉折點，這個轉折點的特徵是：總是認為自己是對的，我有對自己未來發展的決策能力。

於是乎，關係的發展就在想證明自己是對的前提之下，而走入了青春期的危機。這時候的我們是很容易受傷的，很容易向外指責的，不見得會有很好的自省品質。如果沒有跨過青春期的過渡點，往往傷害的是彼此。

然而，到了不久的將來，在清醒之後，你有可能驚訝地發現，原來錯過的更多！就如同我常說的一句話：「因為有過錯，所以錯過。」所以，請你靜下心來自我審視一下，現在的你在青春期的階段嗎？同時多一點感恩與愛，因為感恩與愛是讓我們的生命、金錢、事業，都能夠快速提升，達到另外一個高峰的核心密碼。

溫馨共勉：度過青春期的關鍵思維就在於：理所當然的事情越少越好，用心感謝的事情越多越好！

（二）明確掌握錢的定義

生命品質的好與壞、高與低，跟金錢的運用能力是有一定關聯性的。所以，當你能夠了悟並清晰掌握錢的定義時，就能夠做到古人所說的：「君子愛財，取之有道。」錢的定義就是價值的交換。

一個經典的案例，《新少林寺》在開拍的過程當中，謝霆鋒為一號男配角，收入約五百五十萬元；劉德華為一號男主角，收入約一千六百萬元；而成龍是二號男配角，他的收入卻高達一億元。原因很簡單，因為成龍在全球的市場價值是非常高的。所以，如果說提升金錢的品質是果，因就是我們首先要提升自己的價值。

萬事互為因果，萬事互相效力。我們把焦點放在：「為什麼我的收入不夠高？」、「為什麼我近一段的財務有狀況？」不如放在：「我如何才能有更好的價值體現呢？」你的價值與你的收入是成正比的。用實力過生活，不斷地積累自己的市場價值，尤其是在顧客心中的價值為最終導向時。如此一來，高收入和良好的金錢品質都會不請自來。

我始終相信，錢不是用「賺」的，而是用「吸」的。啟動吸引力法則，讓財富不斷地來到你身邊，終極的祕訣就在於，不斷地提升自己的價值。換言之，不斷地把自己變成吸引無限財富的大磁鐵。

當我們的金錢品質越好的時候，我們就能夠做更多的善事。就如同胡雪巖所說的：「要做善事，手中先有錢。」總而言之，在最短的時間之內，好好把焦點放在如何更好地提升自己的價值上吧。

(三) 多點理解，少點糾結

在人與人的互動過程當中，很少人能夠做到百分之百的符合對方標準，也是因為如此，有時候我們會有一些糾結的情緒產生。如何避免這樣的糾結情緒，其關鍵鑰匙之一就在於：多點理解，理解對方做這件事情背後的起心動念，多看到對方的正向意圖。

如此一來，我們就能夠更加地感受到對方其實是愛我們的、是支持我們的。如同有時候一個父母親對孩子的嚴厲，背後是因為愛；領導者對核心幹部的嚴厲，背後也是因為愛。所以，當我們能夠多瞭解、多理解並感悟到對方做事情背後的正向意圖時，我們或許就能夠創造出更給力的人生，而非是糾結的人生。

115 活得漂亮是本事

人總是要為自己的長相負責任的，因為相由心生，不是嗎？當然，如果一個人長得很帥或很美，那是父母給的，我們要學會珍惜。但是有一個老生常談的問題，內在美更重要還是外在美更重要？答案是內在美。

換言之，活得漂亮比長得漂亮更重要！畢竟一個人若內在受了污染，再美的外貌也即將會出現狀況的。舉例來說，為什麼會有「果蠅」呢？那是因為水果的內部開始腐爛了；古話講蒼蠅不碰無縫的雞蛋，因為雞蛋本身出了問題，才會有蒼蠅找上門來。內腐則外腐，內亂則外亂，內靜則外靜，內美則外美。所以，沒有絕對的美也沒有絕對的醜，只有絕對的平靜。由內而外的美才是真的美。

我們身邊也許都不乏這樣的人，樣貌平平卻儀態萬千，由內而外地散發著魅力，他們可以把自己以及家人的生活打理得井井有條，工作上認真負責，生活上富有情調。是的，他們是因為活得漂亮，得到了身邊人的尊敬。

如何活得漂亮？其關鍵就在於：我們的內在是否是有力量的，內在是否有平靜的力量、是否有喜悅的力量、是否有健康的力量、是否有豐盛的力量、是否有智慧的力量，是否有天人合一的力量。所以，努力讓自己活得更漂亮，這才是我們造訪這個地球的目的之一。

116 放下心中的自以為是

「賢者以其昭昭使人昭昭，今以其昏昏使人昭昭。」這句有點像順口溜的名言出自《孟子・盡心下》，它講出了一種值得我們思考的現象：賢人先使自己明白，然後才去使別人明白；今天的人則是自己都沒有搞清楚，卻想去使別人明白。

有時候，我們會錯把一個玻璃當成鑽石，認為自己的觀點像鑽石一樣閃耀，是如此的有能量；但它卻是一顆玻璃，於是我們就不斷地跟別人說：「這是顆鑽石，這就是顆鑽石。」然而，我們有沒有捫心自問一下，傳道者要使受眾明白某一道理，自己就要先行一步掌握這一道理，這樣方有從事傳播的資格，也才會收到良好的傳播效果。否則，必然事與願違。

人的知識並不像大海一樣無窮無盡，總有涉及不到的地方，即使在自己的專業方面，也會有遺漏，所以，時常更新我們的知識系統，是非常有必要的。

眼界決定境界，境界決定世界。我們通常帶著有色眼鏡去看待這個世界，我們需要不斷提升自己覺知的品質，將我們的眼鏡摘掉，用心地去感知這個世界；而不是明明自己沒有弄明白，卻硬要別人認同你。如此一來，你心中的「符合道理」豈不成了符合你的道理，你口中說的「不靠譜」也就成了不靠你的譜。

所以，我們要真正地去提升自己覺知的品質，學會換位思考，學會設身處地、將心比心，學會放下心中的自以為是，不要總是硬要證明自己是對的，來強調別人是錯的。我們要不斷地用心去瞭解、了悟更多的真理，進而使自己達到更高的高度，再去跟別人分享。如果我們能做到這些，我相信這世界會更加平和美好。

117 選擇平靜

諸葛亮的《誡子書》裡有我們很熟悉一句話：「淡泊明志，寧靜致遠。」這是諸葛亮五十四歲時寫給他八歲兒子諸葛瞻的句子，既是諸葛亮一生的總結，更是他對兒子的期望與要求。其原文是：「非淡泊無以明志，非寧靜無以致遠。」諸葛亮在這用了雙重否定的句式，表達他強烈而委婉的語氣，以及對兒子的教誨與無限希望。用現在的話來說：「不把眼前的名利看得淡泊，就不會有明確的志向；不能平靜地、全神貫注地去學習，就無法實現自己的夢想。」

我們都是有夢想的人，我常講的一句話：「我們要把夢做大一點，因為夢太小了會容易被忘記。」在逐夢的過程中，我們經歷無數的日夜，會遇到很多的人，會完成很多的事，這些事情最後會幫助我們實現夢想；然而，過程中也會充滿誘惑，如果沒有一顆足夠完善的心靈，我想，很容易會忘了最初的夢想。

生命的意義在於活出自己的價值，能夠為社會盡一份責任，用我們的愛心不斷地去喚醒更多人心中的大愛，讓身邊的人因為我們的到來而擁有更精采的人生。如果我們做事的出發點都是為了自己，這目標還會實現嗎？

把眼前的利益看淡一些，最好的結果是雙贏，去成就別人，最終也能夠成就自己。

擁有一顆寧靜的心，擁有超乎一切理解的平靜，是我一生都在修的功課。因為我知道，只有平靜了才能夠思考，只有平靜了才會產生力量，也只有平靜了才會有勇氣去面對所有的挑戰，不論大小。所以，保持內在的寧靜，可以助我們走得更遠。

我始終相信，任何領域想要出類拔萃的人，或者是想要創造出屬於自己的一片天的你，最重要的功課就是「狀態管理」。試想一下，一個人學了很多的技能，在他的狀態不好的時候，他會有好的表現嗎？答案是不行。當一個人職位很高，卻總是有不好的情緒，他會有更好的表現嗎？答案還是不行。

當一個人缺乏大格局思考，只看到眼前的利益和個人情緒的問題，甚至要很多人餵養他的軟弱和他的小我意識，那麼，他的狀態將會陷入某種程度的萬丈深淵。

當過去的成績失效，當過去的經驗不再能派上用場，當你所知道的一切無法幫助到你的時候，有可能就是你的狀態出了問題，這也是根本的問題。

我總是相信，平靜最大！我也總是相信，得到力量在乎平靜安穩！也就是說：你有一顆平靜的心，你的狀態品質才會冉冉上升；你有一顆平靜的心，你的生命才會不斷地開花結果。

然而，過去開多少花、結多少果不是重點，而是如何自強不息持續地獲勝，其關鍵就在於：你是否第一時間回到平靜的狀態。

如何回到平靜？在此溫馨地共勉：請多多深呼吸、多多聽正向的音樂、然後學會多一些感恩與信任之後，放輕鬆！如此，你就能夠慢慢活出更平靜的狀態。是的，再次地強調，當你選擇了平靜，你所想要的一切都會選擇你！

118 好問句激發好思考

《論語．學而》：「吾日三省吾身：為人謀而不忠乎？與朋友交而不信乎？傳不習乎？」原文的意思是這樣：「我每天會從三個方面反省自身：替人家謀慮是否不夠盡心？和朋友交往是否不夠誠信？老師傳授的知識是否複習了呢？」

是的，吾日三省吾身，是我們每一個人每天都需要做的功課，後面的內容我們可根據自己的情況進行調整。也就是說，我們生命的每一天，都要學會做三次自省與總結。

我們常說失敗為成功之母，其實，成功之母並非失敗，而是總結。善於做總結，意味著我們不要成為過去導向的人，而是要成為未來導向的人。總結些什麼呢？有三個問題跟大家分享，你可以通過這三個問題來做每天的自省跟總結：第一，今天的我做對了什麼？第二，今天的我學到了什麼？第三，今天的我哪裡可以做得更好？

或者：這個階段的我做對了什麼？我學對了什麼？我哪裡可以做得更好？又或者：這件事情我做對了什麼？通過這件事我學到了什麼？我哪裡還可以做得更好？

當你不斷地把焦點放在這些對的問句上面時，你會變得更有力量。如果你常常問自己：我為什麼會這麼倒楣？我為什麼這麼不順心？其實是在削減自己的力量。好的問句會激發好的思考。心理學家常說：「思考的定義就是不斷問與答的過程。」當你學會把焦點放在對的問句，例如：「我學到了什麼？我哪裡可以做得更好？」的前提之下，你的思緒便會放在解決方案上面。

每一個人都是自己問題的製造者，但也是問題的解決者。問題本身是中立的。問題的本身並不是重點，重點是你如何看這個問題，如何去解決它，才是真正的重點。我們必須學會把焦點轉移到能夠解決問題的層面上，而不是製造更多的問題。

試想一下，一個企業聘請很多有能力的人來到他的企業中，為了什麼？難道是為了製造問題嗎？當然不是。聘請有能力的人是來幫公司解決問題的。是的，問題知道你家住哪裡，常會找到你，所以，在不斷地去解決問題的前提之下，我們必須學會，做更好的總結。別忘了：吾日三省吾身。

119

側耳聽智慧，專心求聰明

《箴言》中有一句經典名言：「側耳聽智慧，專心求聰明。」我們在人世間想要去實現自己的夢想，有時候會迷失自己。如何在迷失中找到自己，是需要智慧的，也是我們每一個人都要修的功課。

智慧是一種生存境界，這種境界可以從一個人的做人處事和洞察力等方面看出。在生活中，有智慧的人，不是那些不願意吃虧的，而是懂得有捨才有得的人；有智慧的人，不會鼠目寸光，而是更看重長遠利益；有智慧的人，也不一定是那些「拿得起」的人，而是那些「放得下」的人。智慧並不是先天遺傳的，更多的要靠後天的思考和修煉。

電影《人在囧途之泰囧》除了令人捧腹的橋段，讓我印象更深的是電影中想要傳達給我們的一種觀念——時常聽聽自己內心的聲音，問問自己真正想要的是什麼，這是一種智慧。

電影中的主人公一心去發明他的產品，希望產品能夠問世，但卻因為這個產品與老同學成了死對頭，甚至放棄了自己的家庭。後來，在追逐自己事業的過程中，經過一些事情，讓主人公頓悟到，親情是世界上最珍貴的禮物，家庭的幸福才是自己最大的幸福。他毅然放棄了自己的產品，回到了自己親人的身邊。

我們為了生活，每天都在奔波，一直拼命向前，有時難免會忘了工作的目的是什麼。越來越多的人忽略了這一點：家庭的幸福也是一種成功。人生總是要面對無數的選擇，有選擇就會有失去，如何去取捨，其關鍵就在於你是否是有智慧的。想起最近喜歡的一句話，與各位分享：路途遙遠，勿忘初心。

《箴言》第四章第二十三節說：「你要保守你的心，勝過保守一切，因為一生的果效都是由心發出的。」試想一下，電腦中列印出來的文章裡面有錯別字，你用修正液把它塗改後，放在一旁，你再從電腦列印出來第二篇文章，一定還是有錯別字的。也就是說，我們的外在改了成百上千遍，內在沒有改，成功機率還是等於零。

所以，我們要做的就是不斷地向內去探求，我們的心是每個人一生中最需要去保守的。我們的心，要麼被神占據，要麼被惡魔占據，因此每時每刻都要有覺察地做出正確的抉擇。當你看到別人成功的時候，你能不能相信自己也可以成功？我總是有一個信念——別人做得到的事情，你一定會做得到；別人做不到的事情，不代表你做不到。

允許我繼續說《人在囧途之泰囧》這個電影的例子。徐崢自導自演這部電影給我一個很深的觸動：你必須相信你自己，當你相信你自己的時候，你就可以得到更多，這也就是我前面提到的「保守你的心勝過保守一切」。

在戲裡面，王寶強所演的角色，很多人會覺得傻傻的，但他卻真正做到了不斷保守自己的心，電影中他一直強調：「你可以說我，就是不能說我的媽媽。」他在向觀眾傳達一個重點，他是很孝順的，他想讓他的母親身體早些好起來，這是支撐他隻身一人去泰國旅行的動力，也正是因為有這樣堅定的信念，他那顆一直被保守得很好的心，引動了那麼多的資源，最後他心中的女神范冰冰真的出現，幫他實現了他的「蜜月夢想」，從此他的事業和人生都達到另一個不一樣的高峰。我相信都是因為他保守住了自己的心。

當我們相信美好，我們所看到的、聽到的，便都是美好的；當我們心裡充滿愛時，我們就擁有愛的人生；當我們心裡充滿恨時，我們的人生也是黑暗的；當我們充滿謙卑、自省，我們就擁有常常更新、越來越寬闊的人生。所以，請保守住自己的心，不要被世界牽著走，因為我們一生的外在彰顯都是由心發出的。

120 活出全新版本的自己

「人固有一死，或重於泰山，或輕於鴻毛。」這句名言出自司馬遷的《報任安書》。我們來到這世上，就會有死去的一天，所以我們要去思考，如何在有限的生命裡活出更好的品質。在我看來，只要是很認真地去生活，在跟這個世界說再見的時候沒有任何遺憾，這便是重於泰山了。

我相信有很多人每天也許很忙碌，卻總覺得心裡空空的，有種碌碌無為的感覺；或有些人遇到了生命當中的瓶頸期，有那麼一瞬間有想要放棄生命的念頭。我想，如果不及時去調整自己的狀態，這樣的人即便是死掉，也會輕如鴻毛的，不是嗎？

在我研究心理學與國學的過程當中，我始終相信：如果一個人想要達到另外一個層次的高度，他需要某種程度的脫胎換骨。在心理學上有一個詞彙，叫做虛擬死亡。虛擬死亡不代表真正的死亡，而是在睡前，想像如果我的生命將在今晚終結，做一個這一生的回顧與總結，回想今天讓自己最感動的是什麼？假如我昨天就不在人間了，今天會錯過些什麼？這樣一來，我相信你會更加珍惜和熱愛自己的生命。

之所以說我們經歷的困苦最終都會成為我們的財富，就是因為，生命中的每一次傷痛，都是一次蛻變的寶貴時機。就像毛毛蟲破繭成蝶，那蛻變的過程是痛苦的；然而通過痛苦的掙扎與不懈的努力，最終穿越了生死的界限，就會為自己迎來一片自由的天空，讓生命變得絢爛無比。我們又何嘗不是呢？

同樣的，不要因為失戀，就開始不相信愛情，我始終相信，你若盛開，清風自來。愛情使我們成長，使我們從幼稚變得成熟，從不靠譜變得有擔當。只要我們有一顆勇敢的心，熬過黑暗，不輕言放棄，我們一定能夠活出全新版本的自己。

所以，我鼓勵你去戰勝挑戰，學會更好的穿越，達到生命中更高的高度，讓我們在一次次的蛻變中去做更好的自己吧！

〈後記〉

一切幸福的基石

全世界最難及最重要的數學題就是「數算恩典」！一旦你深信「凡事發生必有恩典，感恩就是感受恩典的能力」時，你即將在地球上創造屬於自己的智在天堂；你即將會愈益深刻體驗到，真正的自由不是來自於財富與時間上的自由，而是來自心靈上的智由智在；你即將從由父母主導的產品，走向被人評頭論足的商品，最終令你無限驚喜地蛻變成活出自我的作品；你即將成為「人生是拆不完的禮物」之生活藝術家，而你隨時隨地將與幸福共舞、與豐盛有約、與喜悅為伴。

親愛的讀者，現在懇請已從此書內容有一定收穫的你幫兩個忙。

一是，隔一段時間後再重新研讀一遍。因為當你的生活閱歷有所不同時，你極有可能將會再從此書中獲得不同的豐盛見解。二是，向你的事業圈、生活圈、家庭圈及不同形式的社群網站推薦這本書。因為在你分享的同時，也給自己與他人種下了一顆善的種子。若你和我相信書中的某些觀點會對他人事業與生活有適時助益，那麼就在此時此刻向他人分享屬於你的光與愛吧！合十感恩！

十分感謝商周出版團隊，為本書的順利出版貢獻了心力。再者，也十分感謝《紐約時報》的暢銷書作家瑪西．西莫夫老師，全球暢銷書《當和尚遇到鑽石》作者麥克．羅奇格西，及台灣最大出版集團——城邦媒體集團CEO何飛鵬先生，為此書親筆的推薦序。

最後，由衷地感謝我親愛的家人，及一路用不同形式支持我、並讓我有更不一樣蛻變的所有人。因為有你們，讓我的生命累積相當不同，並讓我擁有可以更綻放的美妙元素！

祝這地球更美麗、更有活力，祝這世界更和平、更有正能量，祝每一個人在每一天的每一方面都會越來越幸福與喜悅！祝福你、感恩你！

李淙翰

二〇一四年十月

國家圖書館出版品預行編目資料

人生是拆不完的禮物：拆出人生驚喜，活得智由智在／
李淙翰著. -- 初版. -- 臺北市：商周出版：家庭傳媒
城邦分公司發行, 2015.08
面；　公分

ISBN 978-986-272-846-8(平裝)

1.修身 2.生活指導

192.1　　　　　　　　104012305

人生是拆不完的禮物：拆出人生驚喜，活得智由智在

作　　者／李淙翰
企劃選書／徐藍萍
責任編輯／徐藍萍

版　　權／翁靜如、吳亭儀
行銷業務／林秀津、何學文
副總編輯／徐藍萍
總 經 理／彭之琬
發 行 人／何飛鵬
法律顧問／台英國際商務法律事務所 羅明通律師
出　　版／商周出版
台北市104民生東路二段141號9樓
電話：(02) 25007008　傳眞：(02)25007759
E-mail：bwp.service@cite.com.tw
Blog：http://bwp25007008.pixnet.net/blog
發　　行／英屬蓋曼群島商家庭傳媒股份有限公司 城邦分公司
台北市中山區民生東路二段141號2樓
書虫客服服務專線：02-25007718；25007719
服務時間：週一至週五上午09:30-12:00；下午13:30-17:00
24小時傳眞專線：02-25001990；25001991
劃撥帳號：19863813；戶名：書虫股份有限公司
讀者服務信箱：service@readingclub.com.tw
城邦讀書花園：www.cite.com.tw
香港發行所／城邦（香港）出版集團有限公司
香港灣仔駱克道193號東超商業中心1樓；E-mail：hkcite@biznetvigator.com
電話：(852) 25086231　傳眞：(852) 25789337
馬新發行所／城邦（馬新）出版集團 Cite (M) Sdn. Bhd.
41, Jalan Radin Anum, Bandar Baru Sri Petaling, 57000 Kuala Lumpur, Malaysia.
Tel: (603) 90578822　Fax: (603) 90576622　Email: cite@cite.com.my

封面設計／李東記
排　　版／極翔企業有限公司
印　　刷／卡樂製版印刷事業有限公司
總 經 銷／高見文化行銷股份有限公司　新北市樹林區佳園路二段70-1號
電話：(02)2668-9005　傳眞：(02)2668-9790　客服專線：0800-055-365

■2015年8月8日初版　　Printed in Taiwan
2021年8月27日初版4.8刷

定320元

 ISBN 978-986-272-846-8